◎谈永康 著

时间里的中国智慧

——我们的二十四节气语文课

引领学生探天地之奥秘，觅
大自然的美好，从中吮吸灵气与智慧，
兴味盎然地提高写作能力。

于漪

语文教育家、全国首届教书育人楷模

江西教育出版社
JIANGXI EDUCATION PUBLISHING HOUSE

图书在版编目(CIP)数据

时间里的中国智慧:我们的二十四节气语文课/谈永

康著—南昌:江西教育出版社,2017.9

ISBN 978-7-5392-9779-8

Ⅰ.①时… Ⅱ.①谈… Ⅲ.①二十四节气–小学–教学

参考资料 Ⅳ.①G624.203

中国版本图书馆 CIP 数据核字(2017)第 243823 号

时间里的中国智慧

—— 我们的二十四节气语文课

SHIJIAN LI DE ZHONGGUO ZHIHUI

谈永康/著

江西教育出版社出版

(南昌市抚河北路 291 号　邮编:330008)

各地新华书店经销

江西省和平印务有限公司印刷

787 毫米×1092 毫米　16 开本　9 印张　字数 130 千字

2020 年 1 月第 2 版　2020 年 1 月第 2 次印刷

ISBN 978-7-5392-9779-8

定价:28.00 元

赣教版图书如有印装质量问题,请向我社调换　电话:0791-86710427

投稿邮箱:JXJYCBS@163.com　来稿电话:0791-86705643

网址:http//www.jxeph.com

赣版权登字 –02-2017-542

静悄悄的作文革命

吴立岗

认识永康久矣。

为了语文教学梦想,他来到上海,跟随于漪、贾志敏、李永元等名师学习、研究,无论在一线教书,还是做教研工作,他都为语文而忙,满腔热情,肯实践,能创新。

熟悉他是在中山小学。这是上海一所历史悠久的名校,20世纪60年代因"集中识字,大量读写"而享有"北有黑山,南有中山"的声誉。永康时任教导主任,教一个班语文,跟着特级教师、校长朱学清先生研究大语文教育,改进课堂,组织学生开展广泛的听说读写活动,取得了很多成果。2010年5月,由该校承担的全国小语会科研项目"小学语文课堂文化研究"举行中期汇报活动,作为主要研究人员之一的永康执教《他从火里跑出来》,融合了语言学习、思维训练与人文教育,受到时任全国小语会理事长崔峦先生的赞扬。

语文教学历来被社会关注,学生写作能力不强是个痼疾。这里既有研究不到位的问题,又有应试教育的负面影响。客观上,中小学作文教学"无课程无内容",这给学生学习写作带来极大的挑战。如何引导学生爱写、会写,始终是广大语文老师关注的焦点、实践的难点。

永康对作文教学情有独钟,他自己爱好写作,工作中重视培养学生的作文兴趣,日常教学中落实精准的个别化指导。他的学生爱写作文,习作常有发表,获奖也不少。在中山小学,永康就带头上作文课,我听过他的《我的爸爸》,学习素描作文思想，通过表演活动，激起学生习作动机，通过课堂交流帮助学生实现转化，给我留下了深刻的印象。

2010 年，因工作需要，永康调入松江教育学院，在区教育局、教育学院领导的部署与支持下，为了解决"老师怕教作文，学生怕写作文"的老大难问题，他带着骨干教师们编写区本习作课程，进行真作文教学改革。

2012 年，我到松江小昆山学校听了一位青年教师的作文课，又听了小学作文教学改革工作介绍，我很高兴。一是这里的作文教改基于教材，作文公开课就是平时老师要教的作文；二是这里的作文课轻松有趣，孩子们喜欢；三是经过老师课堂教学，每个孩子基本上都能写出文通句顺的作文。

永康跟我说，松江的小学作文教学改革学习了活动心理学理论，还借鉴了素描作文教学思想，一线老师只要尝试，都能上出活泼有效的作文课。永康还告诉我，参与编写区本习作课程的有中山小学、实验小学、上师大附外小、叶榭学校、泗泾小学等 11 所学校的 21 位老师。仅仅是 2011 学年、2012 学年，仅仅是作文教学，松江区就先后有 17 节公开课。我走过一些地方，看过不少作文教学改革，很少听到一个区域，每年有这么多作文公开课、研究课的。

所以，我在活动总结发言时，肯定了松江的小学作文教学改革，帮助大多数语文教师解决了学生作文难的问题。我也希望，松江的老师能够在作文教改路上及时总结经验，这样才能学习推广，为小学作文教学做出更多贡献。

尽管来松江的机会不多，但我一直关注着松江，关注着松江的老师们公开发表的作文教学经验。松江是上海之根，有文化底蕴，是一个美丽的地方，也是一个大有希望的地方。

现在，永康又送来了他的新作《时间里的中国智慧——我们的二十四节气语文课》。

真好！这是多好的作文课，跟着节气读写，充满了生活气息，前后一年，有着天然的逻辑与系统，真是一次特别的文化之旅。

这两年，国家很重视传统文化教育。节气，是中国优秀传统文化之一，是语文学习可资开发的矿藏。永康把作文课与节气联系起来，是在 8 年前，当时，一堂关于春天的作文课，他拍了学校附近的风景照，用到教学中指导学生习作。由于这些材料取自孩子身边的世界,体现了表象的典型性,同时又具有美感,因此受到孩子们的欢迎,也大大降低了作文教学的难度。永康由此得到启发,他用了三年左右的时间阅读、拍照,编辑完成了语文拓展型课程"节气里的读写"。这两年,永康为了培养青年教师,乐于上示范课,这本书就是他一年来边实践边教学的智慧结晶。

我浏览此书,感到永康的系列节气作文课十分生动,也极有价值——

1. 体现了生活是作文的源泉

没有内容可写,这是孩子作文的难题。生活是作文的源泉,永康从内容入手,指导学生习作。这就抓住了作文教学的"牛鼻子"。节气,是时间的智慧,体现了季节的替换嬗变,也表现了世界万物的发展更新,从花草树木,从风雨雷电,从生活细节,学生都可以有所发现,有所感受。学生看的、说的、写的就是自己的生活,这样的习作就很好地把教作文和教做人结合起来了,把写自己、写周围熟悉的事物与关心自然、关心社会结合起来了。

2. 体现了兴趣是作文的动力

节气作文课很重视课堂交流与课后发表,除了班级板报刊登的学生习作外,这个班级的学生还在短短一年内,在《小作家》等报刊发表了数十篇习作。永康还说,每次去给孩子们上课,孩子们就特别期待,特别开心,一点也不怕写作文,可见孩子们学习兴趣之浓厚、高涨。节气作文成功的关键就是把作文放在了交际的背景中,让学生觉得自己是作者,每次动笔,好像都面对着一个个读者。我常说,作文教学要从动机走向目的,先要解决为什么写的问题,再考虑写的目标与方法。作文活动是交际与概括的统一,学生有了交际的需要,学起来就有动力,写起来就有兴趣。这符合孩子语言交际功能发展的年龄特点。

3. 体现了阅读是作文的基础

阅读是吸收,作文是倾吐。写作是以阅读为基础的,在阅读与作文之间建立有效联系,是写好作文的关键。永康的节气作文课,给学生提供了丰富的阅读材料,除了节气常识介绍,还有古代诗文、当代佳作……这些文字,既可以丰富学生的认知、提升学生的思想,又为学生提供了语言借鉴。

节气作文课,非常吸引学生的一点是有植物的图文介绍,有传统风俗的精彩描述,这些是现在的孩子特别缺乏的。广泛意义上的阅读,显然超越了单纯为作文表达的思路,有助于全面提升学生的人文素养。

4.体现了思维是作文的关键

作文教学要根据儿童思维发展的年龄特征确定各学段不同的习作训练形式,使学生习作做到具体明确。中年级是学生观察能力发展的最佳时期。小学作文教学的主要任务不是教会学生“虚构”,而是教会他们用语言表达自己的所见、所闻、所思、所感。因此,中年级要发展儿童比较系统的概括、交流和自我表现的语言能力。最佳的作文训练形式是素描,即以观察实物(活动)作为途径,以片段和简短的篇章作为形式,将描写和叙述结合起来反映周围生活的记叙文训练。通过素描训练,可以培养学生形成典型表象的技能。永康的节气作文课,既有景物、物件的观察,也有活动的体验,均是比较成功的“素描”训练。

教学过程中,他常常采用“纲要信息图”,从写作者主体与客体两个角度完成作文从模糊到清晰,从混乱到有序的转化,符合儿童的认知特点,提供这样的学习支架,对学生学习语言和发展思维都很有裨益。

永康还提出培养学生议论能力的观点。11堂课中有一堂是针对松江当地“冬至夜不能出门”的传统说法,引导学生独立思考,鼓励学生发表不同看法,组织学生合作完成习作。这是很有分量的教学思考与创新探索。

5.体现了表达是作文的目标

发展语言能力是作文的主要目标。永康的11堂节气作文课有着清晰的作文知识和技能目标,又有着明确的育人目标,两者犹如硬币的两面,浑然一体,不可分割。这些目标,从一次习作来看,是独立而完整的;从一年的写作活动来看,又前后联系,螺旋上升。永康介绍,节气作文课是松江区小学作文“一体两翼”课程体系中的重要“一翼”。“一体”是课堂作文,即真实语境下的任务写作,重在学。“两翼”为课外作文:一是交际语境下的课外真实写作,重在“习”;二是真我语境下的课外自由写作,学生为交流、个性而写。节气作文是课外自由写作的重要组成部分。从学生一年的写作来看,他们在从课堂走向生活,从规范走向自由,从统一走向个性。学生写的不少作文,内容具体独到,语言新鲜活泼,可读性较强。

6.体现了“自能作文”的价值追求

教育家叶圣陶先生说过:“学生须能读书,须能作文,故特设语文课以训练之。

最终目的为：自能读书，不待老师讲；自能作文，不待老师改。老师之训练必须做到此两点，乃为教学之成功。"永康的节气作文课的一大特色是专门花时间跟学生一起商定习作量表，什么是好的节气作文，要养成哪些好习惯才能写出这样的作文。通过议学，学生明确作文学习的目标与路径。这样，在作文课上，学生既可以用量表来引领自己的写作，也可以用它来评价同学的作文，还能借助量表来矫正、调控自己的写作行为，养成好习惯。

因了以上几点，我把永康这次为期一年、自成系统的作文教学称为"静悄悄的作文革命"。这样的教学探索，实践证明是成功的，是创新的，既能传承中国优秀传统文化，又符合作文教学的科学规律。

如果你是中小学语文老师，你不妨读读这本书，借鉴借鉴，你的作文课可能会焕然一新，从此走上新颖有效的作文教学之路。

如果你是中小学生，你不妨读读这本书，实践实践，你不但能写出好的节气作文，还能够深入了解中华优秀传统文化，领略中华优秀传统文化的魅力。

是为序。

（作者系上海师范大学教授，全国小语会原副理事长、学术委员会主任）

目录

1 节气启蒙

9月8日,我回到曾经工作过的地方——中山小学,给四(4)班的孩子上课:节气启蒙。

这是位于松江区的一所百年名校。这里的学生大多数来自普通市民家庭,也有一些是外来务工人员子女。

无声的默写也是教育

第一个环节,默写"节气"一词。大多数孩子马上动笔,也有一些孩子一直看着我,有的还念叨着"jié qì""jié qǐ",脸上透着些许迷惘。也许,他们不知"节气"为何物。

下一个环节,请学生写出自己知道的节气。发出疑惑之声的孩子更多了。好几个孩子忍不住问边上的同学,有的索性环顾四周,教室里有一点点乱。

这情形,我是有预料的,就说:"默不出没有关系。关于节气,老师没有教过,默得出的同学很了不起,默不出的同学也很正常。"

教室里安静下来。大多数孩子开始动笔。十几秒后,多数人停了下来。还有几个学生心无旁骛,继续写着。

课后,我把孩子们的默写收上来,整理了一下,发现:

"节气"一词默不出的有4人,默错的有6人。有的默不出"节",有的把"气"写成了"汽""器"(各有2人)。

全年24个节气,15个孩子写不出任何一个节气。写出1~2个节气的有6个孩子,24个孩子写出了3~8个节气,5个孩子写出了9个以上,最棒的一个孩子写出了13个节气,但把"清明"写成了"青明","惊蛰"的"蛰"上半部分写成了"拆"。

我这样做，只是想摸一摸情况，看看孩子们对节气有多少了解。为此，课前我特意交代这个班的语文老师，不要告诉孩子这一课要学什么。尽管如此，进入教室，我还是发现，班级图书柜里已经整整齐齐地摆放着从学校图书馆里借来的数十本《节气里的读写》。

为了激励孩子，我请他们起来交流自己写了什么节气。最后请的是一个女生，说出了 9 个节气：春分、清明、大暑、小暑、白露、大寒、小寒、冬至、夏至。

"完全正确，我们握握手，你叫什么？"我上前，伸出手。

"我叫徐籽衿。"

"大家向你学习，我也是。"

学习节气情趣浓浓

《学记》说："学然后知不足，知不足然后能自反……"

对节气，我们的孩子显然很陌生。有困惑，就会有问题，就会产生求知欲。我用 PPT 呈现了 24 个节气：

立春、雨水、惊蛰、春分、清明、谷雨、立夏、小满、芒种、夏至、小暑、大暑、立秋、处暑、白露、秋分、寒露、霜降、立冬、小雪、大雪、冬至、小寒、大寒

请学生读，教室里顿时哇啦一片，马上成了合唱。在"惊蛰、芒种、处暑"三处，学生中出现了混乱的声音，我在学生齐读结束后纠正。重点就"蛰"的字形与字义做了讲解，请学生分析字形，猜测字义，一个学生说"蜜蜂出来了"，我说"早了些"。另一个学生说："这是虫子出来活动的意思。"对了！

齐读后指名读，再齐读，让每个孩子都读对。这是语文学习的基础，任何时候都不能动摇。

一年 24 个节气，每个节气都反映了中华大地季节的变化，现在全国各地的人们还在沿用。当然，节气主要跟农业有关。自古以来，我国就是农业国家。古代的劳动人民在农业劳动中，慢慢积累了这方面的经验。如：

最好立春晴一日，风调雨顺好种田。

小满前后，安瓜点豆。

学生读好，然后交流意思。学生说，小满前后，可以种瓜种豆了。理解得很好。我表扬孩子像农业专家，能从传统文化中学知识。

为了让孩子充分感受节气与农业的密切关系，我又出示了一份材料：

立春天气暖，雨水粪送完。惊蛰快耙地，春分犁不闲。清明多栽树，谷雨要种田。

立夏点瓜豆，小满不种棉。芒种收新麦，夏至快犁田。小暑不算热，大暑是伏天。

立秋种白菜，处暑摘新棉。白露要打枣，秋分种麦田。寒露收割罢，霜降把地翻。

立冬起完菜，小雪犁耙开。大雪天已冷，冬至换长天。小寒快买办，大寒过新年。

学生一看，乐了。"你读懂了什么呢?"我问。学生说出了很多答案。

读好了，也大致懂了一点意思，怎么记住这些节气呢？我说，古人有智慧，为了方便记忆和传诵，把二十四节气编成了歌谣。

> 春雨惊春清谷天，
> 夏满芒夏暑相连。
> 秋处露秋寒霜降，
> 冬雪雪冬小大寒。

指导学生读正确后，就是抄写。抄写可以帮助记忆，还可以练字。老师在黑板上写，学生在纸上写。

抄完了，有些累，我播放了一段音频，请学生听唱童谣《二十四节气》。音乐响起，不少学生都有点兴奋，没想到语文课还学唱歌！听了一遍，学生跟着哼唱起来。到第三遍时，学生放声跟唱。这时候再请学生背二十四节气也就不难了。

分享认识激发动机

今天就是白露。

露水是白露的一大特征。清晨的露水一天比一天多，一天比一天厚，凝结成白白的水滴，"白露"由此得名。

古人在劳动中观察、思考，用文字记录经验，用歌谣传达思考，二十四节气可谓是中华优秀传统文化之一。

但是，今天，尤其是我们成年人，已经疏忽了大自然，很少有人去专注地观察，从中获得人生的启迪。孩子们是喜欢自然的，也喜欢到自然中去玩耍，但是，太多的作业，太多的钢琴学习、书法学习……把他们与大自然隔开了、割裂了。

最遗憾的是，作为语文学习的源头之一，作为写作练习的金山银山，很多孩子没有被告知过，大自然也是作文的素材库，因此也就习惯了"编造"作文。

我的交流分为两个部分，一是跟学生分享这几年在白露节气时拍摄的照片，分别是晴天丽日下的飞机、池塘里优哉游哉的金鱼，还有盛开的木槿花和鸡冠花，当然还有枣子。

学生说，刚才我们读到了"白露打枣"，真准啊！

　　我补充，这是我在祥和花苑小区拍摄的枣子树，树上满是枣子。枣子快熟了。孩子们睁大眼睛，馋馋的样子。

　　第二部分重点讲述了一个故事：鸡冠花与蜈蚣精。

　　说到讲故事，我读小学时，最深刻的、最甜美的回忆，要数听吴老师讲故事了。吴老师讲故事，每年一次，都在六一儿童节。这天，学校有块黑板，上面写了什么什么活动，分别在哪个教室举行。我只想听故事。吴老师讲故事要讲半天。这半天，我就趴在课桌上，听啊听，听啊听，比吃什么零食都有滋味，比所有游戏都好玩。

　　白露节气，鸡冠花盛开，这是鸡冠花的故事——

　　很久很久以前，蜈蚣精变成美女，专门迷惑年轻男子，然后趁机夺走人的性命。村里的青年双喜被蜈蚣精变的美女迷住了，于是，蜈蚣精就住进了双喜家。

　　双喜家的一只大公鸡很厉害，看出了蜈蚣精的本来面目，就跑进了山中。过了几天，蜈蚣精把双喜骗进山中，想找机会把双喜吃掉。就在千钧一发之际，双喜家的大公鸡"咯咯咯"地叫着扑了过来，用尖嘴对着蜈蚣精狠命地啄。蜈蚣精就地一滚，现出了原形。它们从傍晚一直搏斗到天明。大公鸡在蜈蚣精的头上啄了一个洞，蜈蚣精死了。但是，大公鸡也因过度劳累而死。

双喜醒了过来，知道刚才发生的一切，一边责怪自己竟然被妖精迷惑了，一边为忠诚的大公鸡而哭。他把大公鸡埋在山坡上。后来，掩埋大公鸡的地方，长出了一棵奇怪的花，花的样子跟大公鸡的鸡冠一模一样。人们看了都说，这花是大公鸡变的。

孩子们被故事吸引。教室里很安静，只有他们的呼吸声。

说完这些，接下去就是孩子们自己去实践了：请跟随爸爸妈妈去看一看，听一听，摸一摸，想一想，再写一段话，记录你的白露节气。

交流引导真作文

关于语文学科育人的目标，于漪老师的概括真是好极了：培养"有中国心的现代文明人"。

我想，"节气"这门课，应该向着两个方向努力：一个是让学生对传统二十四节气有真切的了解，这种了解不是记一些知识，而是适应儿童的身心特点与学习能力；另一个就是借助节气适当进行一些读写训练。

小学都比较重视学生写作，尤其在"怎么写"上动脑筋、花心思。可是对"写什么"，往往重视不够。其实，"写什么"远比"怎么写"重要。

2010 年春，我开始关注节气，定期到公园等地方拍摄花草树木以及鸟兽虫鱼。我发现聚焦二十四节气，实在是一件很长见识也很有意思的事情。在观察、拍摄、读书的过程中，可以积累丰富的写作材料。我就分别在 24 个节气当天，写了 24 篇文章，不觉其难，反感其乐。因此，让节气助力学生学写作文，这也成了我的一个信念。

9 月 18 日，我去学校借班上课，语文老师李源送来学生完成的习作，说："写得不太好哦。"我说："不要用平时看作文的眼光去评，写了就是好！"

平时看作文的眼光，那是"教作文"的眼光：老师今天要求什么，你们就要做到什么，做不到就不好。

我迅速浏览了李老师给我的这十来篇习作,从中选出三篇。

铃声响了,师生问好后,我告诉同学:老师要读三名同学的习作片段,请大家一起分享。

第一篇是杨婷同学写的,我选读了这样一段话:

我家后面有两棵柿子树和一棵梨子树。柿子树上有很多柿子,有些柿子有一点黄,有些还是青的。梨树上只有八九个梨子,都没有成熟。

我表扬的理由是:杨婷同学看到什么就写什么,这些句子乍看不怎么样,但是读来特别真实,一读就知道是杨婷家的果树。

第二篇是楚晖同学写的,我选读了其中两三句话:

今天真是凉快,我去奶奶家看看。哇!她家枣树上的枣子全被打光了。这时,我想起了课堂上老师讲的话:白露时打枣,原来节气这么有意思啊!

我读后这样肯定孩子:白露这天特意到奶奶家去看看,由此还想起一句精彩的农谚。这样的学习就灵动了,这样的作文就有灵气了。

第三篇是杉山恒隆同学写的。我完整地读了他习作的第3自然段:

我知道,每年的9月7、8或9日是白露。白露意味着气温开始下降,天气转凉,地面水汽凝结,露水开始增多,早晨草木上有了露水。古语云:"阴气渐重,露凝而白也。"

对第三名同学,我请教他,这些知识他是怎么知道的,学生说上网查到的。我表扬他会学习。有不懂就要学会问,问老师,问同学,问家长,也包括问不说话的老师,如网络、字典。

读完了,我请这三名同学起立,接受大家的掌声。

表扬这三名同学,是因为我从他们的习作中,发现了他们好的作文行为:观察、询问、链接已有的语言……

我设想的节气作文就是这样,来自生活,学生写了就好。老师的责任,除了鼓励,就是进行方向的引导与方法的点拨。

2 中国月亮

9月28日下午，我步行到中山小学，才进教室，孩子们就笑着涌过来，向我问好，我也向他们问好。

这是我们第三次见面，除了节气启蒙课，其间我们还一起学了一篇课文《赵州桥》。

这种感觉真好。我还叫不出几个孩子的名字，但我们已彼此相识。

开始温润起来的节气课堂

上周，整整五天，我们都在一所学校蹲点调研，没有时间留给二十四节气。但是再忙，也是不能错过中秋的。上周四，我通过 QQ 联系上了李老师，只关照一句：中秋节正好是星期天，让大家好好享受，争取留下美好的回忆。

上课铃响了，我用 PPT 呈现青简先生拍摄的一张美图，教室里顿时一片赞美与惊叹。

我板书完"秋分"二字，回头问大家："5 天前的 23 日是秋分。对'秋分'，你了解什么呢?"

虽然这么问，其实并不抱多大希望。关于传统，我们总是知道得太少。没想到有好几个学生举手，我逐一请起来。

"秋分这天，太阳到达黄经 180°。"

我板书"黄经"二字后说："你说得对，什么是黄经呢? 感兴趣的孩子可以自己去了解。"

"秋分这一天，白天黑夜一样长。"这是一个女生的回答，真好。

我追问："二十四节气中还有哪一个也是昼夜平分的?"

很多孩子一起抢答："春分。"

这样的融会贯通，是我期望的，也是我课前没有想到的。

一个男生说："这段时间，早晨穿短袖出来，感到凉凉的。"

一个女生说："桂花开了，好香。"

我的心底涌起一片快乐的潮水，这次的节气课已经不同于第一次了，孩子们放松、随意，脸上多的是笑意。

接下来，还有一些孩子交流:邻居家的金橘全变黄了，小区里的柚子快成熟了……

我说,听了大家的交流,我也想说说我看到的"秋分"。

课前,我把自己这几年在秋分节气时拍的照片精选了一部分,做成幻灯片,一张张给孩子们看。有金黄的桂花,有怒放的晚饭花,有依然骄傲的鸡冠花,还有熟透后开始枯黄的毛豆和太阳暴晒下的芝麻。当然,也有安安静静的小池塘、舒适休憩的野猫、思贤公园的秋蝉。

　　孩子们的注意力都集中在这些图片上。看得出来，身边的这些事物他们有的熟悉，有的陌生，但每一张图片他们都喜欢，不时地发出赞美的声音。

一起欣赏美丽的月亮

　　秋分前后就是中秋。

　　秋分是秋天的第 4 个节气，这天后，秋天就过半了。

　　中秋在八月十五这一天，农历中，这也正好是秋天的一半。

　　说完这些，学生不语。也许，他们都觉得有些奇怪吧：秋分、中秋好像是两个完全不同的事物，怎么都巧妙地把"秋"给"分"了呢？

　　要是他们问我这是为什么，我还真答不上来。我不是好奇，准确地讲，我感到神奇。

　　说到中秋，当然要看月亮。我搜集了一些月亮的图片和学生分享。

　　每出示一张照片，学生就惊叹一次。

　　在摄影家的镜头里，月亮是如此妙不可言，美不可言。

　　有的时候，图片有文字所不具备的力量。

　　看着月亮，我们开始回忆，中秋节最难忘的一幕。

　　要学生说，老师最好先说。同样，要学生做，老师最好先做。

我讲述了 10 年前刚举家搬来上海的那个中秋节。

那是我们第一次离开老家,第一次在异乡过中秋节。入夜,我们关了灯,点了蜡烛,在阳台上摆了一张小桌子,桌子上放着月饼、芋艿、毛豆、香瓜子。天上一轮明月,月光如水。在清幽的月光里,儿子弹起钢琴曲,琴声悠扬,把我们的心带回故乡。大诗人苏轼说过:"但愿人长久,千里共婵娟。"此时,我们在心底祝愿:

月常圆,人长久。

接着,学生开始交流自己的中秋印象。他们眼里的中秋显然跟我的不一样。我以为他们会说的不过是品尝月饼,看月亮。谁料,学生的发言让我非常惊喜。

一个男孩讲,"昨晚,我跟小伙伴在小区里玩,一边玩一边看月亮"。

又一个男孩说,"我和爷爷、奶奶、爸爸、妈妈,都在客厅里做月饼,月光照进来"。

还有一个男孩说,"爷爷买了鞭炮、烟花,放了起来"。

一个女生讲的美多了。她说:"我去看月亮,看到有人在放孔明灯,红红的,很漂亮。"

此处打住,可以放大——好美的画面,我特意再描述一下:天上,一轮明月,好像玉盘,银色的月光如水流泻。地上,孔明灯放起来了,红红的,带着人们美好的祝愿。

就是看着这样的月亮,沐浴着这样的月光,我们的祖先展开了无限的遐想。交流中秋节有哪些传说时,孩子们第一个说出的就是"嫦娥奔月",然后是"月兔捣药",再是"吴刚砍树"。好一个"砍树",我写了"吴刚伐桂",请学生一起读。

最好的故事当然是嫦娥奔月，最美的故事也是嫦娥奔月，我打出幻灯片"嫦娥奔月"，这是工笔重彩国画大师任率英的作品。然后，讲述这个美丽而不无遗憾的故事。

我一边讲故事一边板书：后羿、逢蒙、嫦娥。讲完故事，让学生理清三者关系。尔后我小结道："月亮早就存在，20世纪美国人阿姆斯特朗踏上月球，确认了月球上没有生命。但是，在我们中国人眼里，月亮不是一块冰冷的土地，更不是一片凄凉的荒原。中国人历来珍爱、钟情这一轮皓月。我们抬头望月，想起这里住着嫦娥、吴刚、玉兔。看着月亮，欣赏《二泉映月》《彩云追月》《汉宫秋月》等名曲……"

读读诗文里的月亮

历史上，无数的文人墨客都将自己所见的月亮化为了美丽的文字。

我陆续出示陶渊明等人写的诗词，学生齐读之——

> 种豆南山下，草盛豆苗稀。
>
> 晨兴理荒秽，戴月荷锄归。
>
> 道狭草木长，夕露沾我衣。
>
> 衣沾不足惜，但使愿无违。
>
> ——陶渊明《归园田居》

> 戍鼓断人行，边秋一雁声。
>
> 露从今夜白，月是故乡明。
>
> 有弟皆分散，无家问死生。
>
> 寄书长不达，况乃未休兵。
>
> ——杜甫《月夜忆舍弟》

海上生明月，天涯共此时。

情人怨遥夜，竟夕起相思。

灭烛怜光满，披衣觉露滋。

不堪盈手赠，还寝梦佳期。

——张九龄《望月怀远》

月落乌啼霜满天，江枫渔火对愁眠。

姑苏城外寒山寺，夜半钟声到客船。

——张继《枫桥夜泊》

人闲桂花落，夜静春山空。

月出惊山鸟，时鸣春涧中。

——王维《鸟鸣涧》

明月几时有，把酒问青天。不知天上宫阙，今夕是何年？我欲乘风归去，又恐琼楼玉宇，高处不胜寒。起舞弄清影，何似在人间！

转朱阁，低绮户，照无眠。不应有恨，何事长向别时圆？人有悲欢离合，月有阴晴圆缺，此事古难全。但愿人长久，千里共婵娟。

——苏轼《水调歌头·明月几时有》

除了古人，现代很多作家也写过月亮，我从朱自清的《荷塘月色》以及贾平凹的《月迹》中选取了几段。朱自清的文字，写的是成人眼里的月色：月光如流水，光与影有着和谐的旋律。贾平凹的文字，写的是孩子眼里的月亮，月亮有脚，可以走动；月亮有味，可以吃进肚子里。学生读之，无不喜欢，天真烂漫的气息扑面而来。

月光如流水一般，静静地泻在这一片叶子和花上。薄薄的青雾浮起在荷塘里。叶子和花仿佛在牛乳中洗过一样；又像笼着轻纱的梦。虽然是满月，天上却有一层淡淡的云，所以不能朗照；但我以为这恰是到了好处——酣眠固不可少，小睡也别有风味的。月光是隔了树照过来的，高处丛生的灌木，落下参差的斑驳的黑影,峭楞楞如鬼一般;弯弯的杨柳的稀疏的情影,却又像是画在荷叶上。塘中的月色并不均匀;但光与影有着和谐的旋律,如梵婀玲上奏着的名曲。

——朱自清《荷塘月色》

我们看时,那竹窗帘儿里,果然有了月亮,款款地,悄没声儿地溜进来,出现在窗前的穿衣镜上了:原来月亮是长了腿的,爬着那竹帘格儿,先是一个白道儿,再是半圆,渐渐地爬得高了,穿衣镜上的圆便满盈了。

……

我们都看着那杯酒,果真里边就浮起一个小小的月亮的满圆。捧着,一动不动的,手刚一动,它便酥酥地颤,使人可怜儿的样子。大家都喝下肚去,月亮就在每一个人的心里了。

——贾平凹《月迹》

李白与月亮

写月亮最多的中国诗人大概是李白。诗人一生写了1050首诗歌,写月、吟月、醉月、颂月的诗歌将近400首。可以说,月亮是诗人理想的化身,在李白眼里,月亮千姿百态,气象万千。

李白也是学生最为熟悉的诗人,要知道中国人与月亮的姻缘,李白是绕不过去的传奇。果然,孩子一看图片,一听李白,就背起了他的《静夜思》。

背完了,请他们欣赏李白邀月吟诗的画面。月亮,跟李白融在一起,何等明亮的画面,何等文学的画面——感谢画家,这样的画面就是我小时候诵读唐诗后能够想到的画面。

李白写了那么多关于月亮的诗歌,笔下的月光世界充满灵机异趣,关键还在于能从中看见诗人自己的活动。孩子还小,读背还不多。怎么在

这么短的时间里,让学生对李白的诗歌有所感受呢? 我在搜集材料时,从别人那里得到启发,读一首诗,可用"( )月"来概括:

> 少时不识月,呼作白玉盘。
>
> 又疑瑶台镜,飞在青云端。
>
> ——《古朗月行》节选

这是"看月",李白喜欢看月,小时候就这样,所以才会叫月亮"白玉盘",会认为月亮是"瑶台镜"。

学生读第二首《送魏万还王屋》:

> 秀色不可名,清辉满江城。
>
> 人游月边去,舟在空中行。

学生概括成"游月",用李白自己的话就是"泛月",这是李白最喜爱的月下活动。

接下去是第三首《月下独酌》:

> 花间一壶酒,独酌无相亲。
>
> 举杯邀明月,对影成三人。
>
> 月既不解饮,影徒随我身。
>
> 暂伴月将影,行乐须及春。
>
> 我歌月徘徊,我舞影零乱。
>
> 醒时同交欢,醉后各分散。
>
> 永结无情游,相期邈云汉。

诗中的李白,学生可熟悉了,"斗酒诗百篇"啊,他们一下子概括出"醉月"。

李白是浪漫主义诗人,"泛月""醉月"的意境很优美,更多的作品则是想象的产物。学生一下子读了:

> 耐可乘明月,看花上酒船。
>
> ——《秋浦歌》
>
> 俱怀逸兴壮思飞,欲上青天揽明月。
>
> ——《宣州谢朓楼饯别校书叔云》
>
> 我寄愁心与明月,随君直到夜郎西。
>
> ——《闻王昌龄左迁龙标遥有此寄》

明月可乘,可揽,可寄,这可都是李白的发明。最有趣的恐怕要属"赊月"了:

南湖秋水夜无烟,耐可乘流直上天。且就洞庭赊月色,将船买酒白云边。

——《陪族叔晔及贾至游洞庭》

秋季的洞庭湖,在月色下更是干净明亮;如何借着这一望无际的水势直通青天啊!暂且就着这赊来的美丽的洞庭月色,赶紧打来一壶美酒,用它来下酒。用月色做下酒菜? 真是奇妙的想象!

读了这么多诗,孩子一定累了,还是回到故事吧。

李白对月亮情有独钟,据说他的生与死都和月亮有关。他的母亲梦见太白金星入怀而生下李白;又传说他醉酒后去捉月亮,溺水而死。月亮陪伴李白的一生。月光如水,照着他的身影,照着他的足迹,也照着他的心灵。李白的一生都有明月相伴,美酒相随。

接下来,就让学生写写感受,可以选用下面的句式:月亮是李白的(   ),李白、月亮(   )。

教室里静悄悄的。几分钟后,学生有了自己的思考与发现:

月亮是李白的酒友,因为他喝酒没有人陪的时候,就找月亮来陪他。(杉山恒隆)

月亮是李白的朋友,李白会把一些难过的事情告诉月亮。(高旭东)

月亮是李白的良师益友,月亮经常会给李白写诗的灵感。(韩仰峻)

月亮是李白的良师益友,在他忧愁时接受他的倾诉,在他疑惑时给予他帮助。(袁辰欣)

月亮是李白的知心朋友,李白会把自己的忧愁对月亮说。

月亮是李白的家人,李白有什么忧虑,都会告诉月亮。(沈弋宸)

月亮是李白的亲人,李白孤独的时候,会去找月亮,没有人和他喝酒的时候,会找月亮陪伴。(赵亚琪)

月亮是李白的亲人,仿佛每天都跟着他回家。

月亮是李白的妻子,在李白没有酒陪伴时,是他最忠实的伴侣。

月亮是李白的影子,李白走到哪儿,好像都跟着他。(徐籽衿)

孩子们读懂了什么? 月亮跟李白已经不可分离了。对李白来说,月亮就是一个可亲可爱的人。

中国的月亮比外国的美

近年来,有许多中国人出国留学,甚至移民。我们常常听到一句话:"外国的月亮比中国的圆。"我想,中国是我们生长的地方,有悠久的历史和深厚的文化。月亮,陪伴中国人走过了五千多年的历史。月亮和中国,从来不可分离。月亮,在中国人的心目中,永远是那么的明亮、那么的圆满。

黑板上出现了"秋分""中秋""中国人"等词语,它们正好"三足鼎立",我边说边给每个词套了一轮圆月,三个词,三轮明月,相互交集。

中国人的秋分,中国人的中秋,源远流长,血脉相通,一切尽在画里,尽在不言中。

意外的习作《秋分》

下了课,到李老师的办公室坐一坐。李老师拿出一沓用夹子夹着的作文,说这是孩子们秋分这一天写的。

我一愣。我没要求,也没想到啊。

李老师看出了我的担心,说秋分那天,只布置了这道作业,而且是放手让孩子们写,字数、内容等都不做要求。

我放心了。

只要孩子愿意写,就好。愿意写,写自己看到、听到以及感受到的,就是好作文。

我想看看,李老师说,我先跟孩子们做一次反馈,再给你。

我期待学生这一次的发现,期待孩子们眼里的"秋分"。

3 我们的霜降

在交流中感受美的存在

10 月 24 日,太阳到达黄经 210°,霜降来了。

这一天是星期六。班主任李老师布置了一篇日记,让孩子写当天的见闻与感想。27 日,我拿到孩子们的作文,厚厚一沓,捧回了细细阅读,特别有秋日丰收的感觉。

因为周四有教研活动,给孩子们上课就只能留待 10 月 30 日了。

霜降是秋季的最后一个节气,反映天气现象和气候变化。"露"为水,"霜"是白色结晶物,由"露"到"霜",需要地表温度降到 0℃ 以下。《说文解字》里这样说:"霜,露所凝也。土气津液从地而生,薄以寒气则结为霜。"

课始,我板书了"霜降"一词,请大家聊聊这个词给自己的感觉。

学生的感受有:霜就要来了;天气马上要冷了;冬天要来了。

是的,再过几天,就是立冬了。这个节气的物象是"豺乃祭兽,草木黄落,蛰虫咸俯"。意思是,豺这一类动物开始捕捉猎物过冬;树叶枯黄掉落;冬眠的动物藏在洞中,开始不动不吃。这是中原一带的现象,在我们这里,还是"秋尽江南草未凋"啊。这时候的天气、物候,学生都已在周末体验了,还用日记留下了观察的足迹。我把这方面的交流留在后面的教学环节了。

课前,我从搜集的图片以及拍摄的照片中精选了三幅,请学生欣赏:

这张照片是记者所拍,就刊登在几天前的《新民晚报》上。秋雨绵绵,斑斓的

梧桐叶飘落在湿漉漉的亲水平台上，显得唯美动人。水影里是浦东陆家嘴金融区。

下面这张照片由瑞金医院的一名医生拍摄，她的一组二十四节气照片美得令人窒息。据说她为此走了全国 11 个省份，她的每一张节气照片都拍得有创意，也有意境。果然，照片一投影出来，教室里就一片赞叹，有孩子倒吸了一口凉气。

下面这张照片的主角是一只流浪猫，就在我们这栋楼的楼下。2011 年的霜降，天在下雨，我拍到了这只猫面雨而栖的场景。学生一看，乐了。交流时，有的说它好像怕冷了，有的说它有点悲伤，有的说它像在抱怨天气。是的，动物也有感情，也在天气冷暖间心思起伏。如果我是猫的话就好了，就可以去问问它在想

时间里的中国智慧：我们的二十四节气语文课

什么。

为什么选这三幅图片？我的感觉是挺美的。

为什么要让学生在节气这天去看、去听、去感受，目的就是让他们感受美，发现美，进而去表达美，与人分享美。

前两次课上，我没有强调这一点，希望现在还不晚。

把"地基"一样的知识刻在学生的记忆里

这一次的节气之旅，除了相应的读写活动外，还有什么要留给学生？

苏霍姆林斯基曾经说过："小学教师们，你们最重要的任务，就是构筑一个牢固的知识的地基。这个地基要这样牢固，使得接你们班级的教师不必再为地基而操心。"

上课前，我用了好几天时间反复思索，哪些东西具有重要的价值，值得孩子们背诵、牢记。

最后，给孩子们呈现的是如下知识：

一是走进节气识植物。

这时候到处可见台湾栾树开着美丽的粉红色的花，木芙蓉也不甘落后，正亭亭玉立，花团锦簇。

认识身边的事物，尤其是植物，对今天的孩子来说很难——也许很多老师自己也不清楚。我先出示自己拍的照片，学生一看，并不陌生，只要跟植物名称匹配着记忆即可。今天开始，他们可以在回家的路上，不无骄傲地指着树，指着花，告诉爷爷奶奶们，这是台湾栾树，这是木芙蓉。

台湾栾树

木芙蓉

　　二是结合节气记农谚。

　　谚语是汉语的精华。农业谚语，说的是农业生产经验，看似跟小学生无关，那么为何要让他们背诵？因为节气反映季节的变化，指导农事活动，什么节气种什么庄稼，中国农民在经验与教训之间，总结、提炼，用凝练的话语概括，这是留给后代的财富。

其实,在读学生的习作时,我发现很多孩子都注意到了这一点。这次学习的农谚就来自孩子的习作:

> 霜降见霜,谷米满仓。

让摘录这条农谚的孩子说说意思,带领大家一起背诵,孩子们都觉得很有意思。

三是趁着节气读古诗。

节气属于农民,也属于中国的文人墨客。几乎每一个节气,都留下了诗人、艺术家们的杰作。

这一次,我为孩子们挑选的是杜牧的《山行》。

山 行

杜 牧

远上寒山石径斜,

白云生处有人家。

停车坐爱枫林晚,

霜叶红于二月花。

这样的诗几乎不用讲,学生想想最近的秋景,凭借自己的语文经验就能读懂读好。老师要点拨的是两个字:生、坐。

以上知识,不但要懂,而且要记下来,默得出,做到一字不差。

接下去每一个节气,都有这样三项知识,孩子们读读、想想、记记。

在分享中明确好作文的标准

这是我们第一次正儿八经地进行节气作文的学习。

学生都已在霜降这天写了作文。我事先跟班上语文老师沟通,周末减少其他作业,在写什么上稍作指导即可。

批阅习作简况

在不到三天的时间里,在工作之余,我读完了孩子们的全部习作,总的来说,我是满意的。52 个孩子,没有一个不写。对一个"编外老师"的额外作业,他们如此配合,让人感动。在这堂课的最后,为了表彰大家都去做了写了,我给大家准备了一份神秘的礼物,下周一带给大家。其实,是每人一颗糖果。

52 个孩子,虽然老师什么都没教,可只有 10 个孩子的习作是有问题的。我一一记了下来:

1. 没有观察。这时节竟还有太阳花在开放,"有的太阳花完好无损,像一个开朗的小女孩,有的太阳花一半的花瓣都已经掉下来了,还有的花瓣通通掉下来,连叶子也枯萎了"。

2. 所写真实,但与节气毫无关系。讲自己上午去学毛笔字,下午带着弟弟去东方绿舟。结尾才点到"这一个霜降,是我最最开心的一天"。其实,随便换成哪一个日子都可以。

3. 同第 1 名同学。习作中有这样的语句,让人啼笑皆非:"忽如一夜春风来,千树万树梨花开。朦朦胧胧听见窗外一片尖叫,把我从甜蜜的梦中唤醒,我揉揉眼睛,向着窗外看,白茫茫的一片,感觉进入了真正的冬天。"

4. 同第 2 名同学,写自己跟着爸爸去公园,看到孩子玩耍,看到桂花、金鱼、鸭子。

5. 与节气基本无关,但是语言流畅、生动,写跟小伙伴去垂钓的事。

6. 仅有这句话有关节气,"草儿、花儿的叶子上都结着一点点霜",习作写自己认识了两条狗。

7. 只有几句话写到菊花,"五彩的菊花摆在路中央,自然地把路分成两条。可惜,花还没开旺,等开旺了,我们再来",大部分笔墨在写吃饭。

8. 有三名同学没有观察,而是靠查资料写出了作文,但与《我的霜降》无关。

我当然不会批评这些学生。老师没有指导,他们也不知道什么才是好的节气作文。这一次,我就是先让学生自由写,然后到课堂上来讨论,师生一起制定习作标准。这样做,我觉得比老师直接提几条要求更好。况乎,简单的命令与要求也不该是老师的做事风格。2003 年,我就开始有意识地在教学中渗透民主理念了。

大大表扬一番

交流前,我分三批表扬了 42 名同学,每个孩子的姓名一一由老师报出,用了几分钟时间,这在 35 分钟的课堂里显得奢侈而珍贵,漫长却又短暂。

分批表扬的顺序依次是——

节气这天出去观察了,写的就是这一天的见闻,计 21 名同学。

节气这天出去观察了,写的就是这一天的见闻,能有自己的发现,共 13 名同学。

节气这天出去观察了,写的就是这一天的见闻,不但能有自己的发现,而且写得清楚、具体,共 8 名同学。

为什么要这么报名字? 我想起自己读小学时,到了五年级,第一次被语文老师表扬作文写得好,真是激动得不行! 现在不知有多少孩子,作文写了无数篇,没有得过 100 分,也没有被老师表扬过,真是很遗憾。

分享佳作,讨论标准

我挑了三篇习作,请三个孩子上台朗读自己的作文。这三个孩子分别是高旭东、王敬轩和徐子茵。这时,我才看清竟有两个男生。两个孩子愿意读,跑了上来。可高旭东趴在课桌上不愿上台,只能由我代读。

徐子茵读了,语速偏快。我让她停下来,告诉大家,文章三分写七分读,要读好。再读,略有进步。接着读的王敬轩差不多。

在读高旭东的习作时,我做了点评与修改(括号里为点评修改)。

今天是农历二十四节气中的第 18 个节气,秋季的最后一个节气——霜降(有点啰唆,直接说:今天是秋季的最后一个节气——霜降)。

一大清早,我穿上了 T 恤衫就迫不及待地跑下楼了(删去两个"了")。我一打开楼道门,突然感到一丝凉意(这句话中的"我"移到"感到"前,"突然"改为"就",与前面的"一打开"呼应),不禁让我抖了一下(改为"不禁抖了一下")。这时,楼下的叔叔出来了,一直都是穿短袖的叔叔,今天居然穿上了外套(改为"平时他都是短袖,今天居然穿上了外套"),还戴上了手套,正准备骑着电瓶车去上班(删去"着")。

我来到楼前的草地上,只见草丛中隐隐约约闪耀着点点银光(这句子好,看得细致,写得形象)。我俯在身子仔细一看("俯在"改成"俯下"),原来叶子上挂着一个个大小不一的露珠(不是"一个个",是"一颗颗"),像一个个珍珠(这里的"一个个"要删掉),晶莹剔透,正发着光呢!(这里用词生动)你瞧,那片叶子太贪心了,挂了太多的"珍珠"(一个"贪心",很可爱。这里的引号就不需要了),都弯下了腰,那些"珍珠们"像一个个顽皮的小孩儿,在玩滑滑梯呢!(这里的想象很有孩子特点)

接着,我又来到了爸爸的车前,只见前挡风玻璃上被一层白雾笼罩着。(从车里往外看,才是"笼罩";在车外观察,应该改成"前挡风玻璃上盖着一层薄薄的白雾")我用手摸了摸,好凉啊!

这就是我的霜降,它就在我们的生活里,时隐时现。(最后一句话很有想法,"时隐时现"可以删去)

读完三篇习作,我开始组织讨论:来,让我们看看,这几篇习作都有什么相同点?

学生在思考,神情较为凝重。

觉得问得有些难了,我说:"要讨论吗?"很多学生摇头,他们很自信,都想自己思考。但是1分钟后,才有一个学生举手:"他们写的都是自己看到的。"

"是啊,还有人想说吗?"

等待之后,一个女生说:"他们在写事物时能够采用比喻,使描写更加生动。"

这也是真的。

接下去还是等待,又有两个学生发言,一个说:写得都很有顺序。另一个说:他们好像都写大人擦车子、车窗。

我突然意识到自己的教学过于成人化了,三篇作文,只是听过一遍,四年级孩子们能够有这些印象与认识,已经很不错了。

这时候,徐子茵举手了,她说:"我先写自己查到的资料,再写出去看到的菊花。"

我马上肯定,大家写的都是跟霜降有关的事物。写人的举动,也跟节气有关。这就是节气好作文的标准之一。

学生看着我,似乎不相信,好作文这么简单?其实,他们还没感到,要有所发现,其实并不容易。

我说,这次你们有人写垂钓,有人写到图书馆借书,虽然,语言很生动,但是与节气无关,所以连合格作文都算不上。学生有点小小的"骚动",教室里的气氛开始晴转多云。

"好。我们再来思考。"我说,"就以徐子茵的习作为例,为什么说她作文写得好?内容集中,前后有联系:开头写菊花酒的传说故事,接着写自己到公园参观菊花展,还写到喝菊花酒,连结尾'一年补透彻,不如补霜降',也不忘点出节气。这就是有条理,语言表达很连贯。"

我转身在黑板上写下第二条标准:语言连贯。

这次作文,一些孩子的习作语言跳跃性太大了,有的内容前后无关,有的语言衔接不自然。

我清楚,要纠正这一语病,需要假以时日,更需要孩子们经常诵读,肚子里有墨水,才能进步。今天不能要求更多了。

课就要结束了,我宣布了一个"重大新闻":今天交流的三篇习作,将刊登在《小作家》上。

两个月后,这三个孩子的习作将变成铅字,然后,他们将会收到稿费。

也许,这是他们人生的第一次,就像他们第一次这样认真地触摸霜降一样。

附学生习作

我 的 霜 降

高旭东

今天是农历二十四节气中的第18个节气,秋季的最后一个节气——霜降。

一大清早,我穿上T恤衫就迫不及待地跑下楼。一打开楼道门,我就感到一丝凉意，不禁抖了一下。这时，楼下的叔叔出来了，平时他都穿短袖，今天居然穿上了外套，还戴上了手套，正准备骑电瓶车去上班。

我来到了楼前的草地上，只见草中隐隐约约闪耀着点点银光。我俯下身子仔细一看，原来叶子上挂着一颗颗大小不一的露珠，像珍珠，晶莹剔透，正发着光呢！你瞧，那片叶子太贪心了，挂了太多的珍珠，都弯下了腰，那些珍珠们像一个个顽皮的小孩儿，在玩滑滑梯呢！

接着，我又来到了爸爸的车前，只见前挡风玻璃上覆盖着一层薄薄的白雾。我用手摸了摸，好凉啊！

这就是我的霜降，它就在我们的生活中。

我的霜降

王敬轩

今天是 10 月 24 日，霜降来临了。

清早一起床，我就来到门外，夹杂着丝丝凉意的风迎面而至，顿时让身穿短袖的我感觉有些凉意。刚想转身，一阵清香扑鼻而来。原来，门前花坛的菊花傲然开放，在众花中显得尤为美丽，不由想到元稹的一句诗"不是花中偏爱菊，此花开尽更无花"。伴随着菊花的阵阵香气，我逐渐放松，忘记寒冷，陶醉其中……

不知不觉，我来到了邻居家的花园。只见小草变黄了，远远望去，好似一片橙黄的池塘；枫树的叶子也渐渐泛黄，红黄相间，别有一番味道；几株小花立在大枫树的后面，像正在与我们玩捉迷藏的孩子。

最后，我来到奶奶精心打理的菜园。翠绿的大青菜排成队，像一个个英勇的小卫兵，叶片上覆盖着薄薄的一层霜，好似披着美丽的白纱。蹲下细看，只见菜叶周围的白霜围成了各种有趣的图案：有的像弯弯的镰刀，有的像大大的脸盆，有的恰似盛开的莲花……

秋天，是如此的诗情画意。虽然它没有春天的生机勃勃，没有夏天的绿树成荫，更没有冬天的好玩有趣，但是秋天的一切是那么宁静和美好。远处，树叶纷纷飘落，秋菊争相绽放，置身其中的我们，形成了一道美丽的风景线。

我的霜降

　　一起床，我就迫不及待地跑到小区健身处观察今天有没有霜。但我好像来晚了，太阳已经出来了，半点霜也没有。为什么我会来看霜呢？因为今天是霜降。

　　霜降是二十四节气之一，在每年10月23日或24日，天气渐冷、初霜出现，这便是霜降。霜降里最美的当然是赏菊花和喝菊花酒啦！霜降要喝菊花酒，传说是这样的：河南南阳郦县有个叫甘谷的村庄，谷中水甜景美，山上长着许多大菊花。一股山泉从山上菊花丛中流过，花瓣散落水中，使水含有菊花的清香。村上30多户人家都饮用这山泉水，大多都能活到130岁，少的也有七八十岁。汉武帝时，皇宫中每到重阳节都要饮菊花酒，说是"令人长寿"。

　　今天，我跟随爸爸妈妈到五厍看菊花展。走进展厅，只见菊花们争先恐后地开放，形成了一片花的海洋，整个人身陷花海，感觉十分舒服。菊花形状各异，有的像一个个小绒球，有的像小妹妹的卷发，还有的像初升的太阳……其中，我最喜欢的是七色菊，它十分神奇，每一瓣花瓣都有自己的颜色：有的是白的，有的是红的，还有的居然是蓝的……看着神奇的七色菊，我忍不住俯下身，香味扑鼻而来。"咔嚓"，妈妈为我拍了一张照片，美好永远定格在那一刻。我还和爸爸妈妈喝了菊花茶，一边赏菊一边品菊花茶，真是十分惬意。

　　霜降一定要注意保健，"一年补透彻，不如补霜降"，这一谚语足见节气对我们的影响。

4 橘树的四季

小雪，聚焦故宫的美

课始，我们一起背诵二十四节气歌。背了两遍，第一遍有一点点乱，显然，一些孩子有点陌生。再来一遍，这一次就轻齐快了。

前几天是小雪。这两天降温，孩子们真切地感到天冷了。小雪这个节气，让孩子们感受了一把节气的神奇。

我请同学们欣赏故宫博物院官方微博晒出的照片——小雪这一天的故宫雪景照。

本来金碧辉煌的故宫,此刻有了另一种奇特的美,美得宁静,美得巧夺天工。

孩子们显然被吸引了,啧啧声不断。

去过故宫吗?

11 名同学举手。

顺便问问宫殿金黄的顶是什么东西,没有孩子知道这是琉璃瓦。没关系,多少成人也不知道呢。

这两天,网友在看到故宫雪景照后纷纷点赞。我特意择取了其中的两句评论,投影出来,请学生朗读。

白雪镶红墙,碎碎坠琼芳,美得这么安静!

红墙,白雪,琉璃瓦,此刻的美景是极好的。

读的时候,孩子们都注意到了句子里的色彩词:红与白。当然,还有隐含的金黄——琉璃瓦。

始于生活小事，触摸专注品质

学习需要专注。

作文需要专注，专注地看，专注地写。

对孩子来说，专注本不是问题，你看他们玩游戏，认真投入，一丝不苟，常常什么都忘记了。如果能把这种专注力引导到写作上，不是很好吗？

我们先讨论蚂蚁。

我请观察过蚂蚁的孩子举手，一共11个。再问这些同学：观察蚂蚁的过程中有什么发现吗？好不容易有一个男孩举手，说蚁穴在墙边，穴口是圆的。再没有人补充了。看来，"看"与"发现"中间隔着一道鸿沟，跨越这道鸿沟的就是专注这座桥梁。

我追问，请大家猜一猜，蚂蚁喜欢筑巢，把泥土吐在巢口，会有哪些形状？

孩子们除了"圆的"没有其他答案。于是，我出示了作家的一段话，请学生阅读，看看作家有什么发现：

我观察过蚂蚁营巢的三种方式。小型蚁筑巢，将湿润的土粒吐在巢口，垒成酒盅状、灶台状、坟冢状、城堡状或蜂房状，高耸在地面；中型蚁的巢口，土粒散得均匀美观，围成喇叭口或泉心的形状，仿佛大地开放的黑色花朵；大型蚁筑巢像北方人的举止，随便、粗略、不拘细节，它们将颗粒远远地衔到什么地方，任意一丢，就像大步奔走撒种的农夫。（苇岸《大地上的事情》）

请学生抓住三种蚂蚁分别说说。

结束了，我继续调查：观察过麻雀吗？举手的孩子多了一些。

你有没有什么发现？几位学生举手。

第一个男生说，我看到麻雀在墙角边筑巢。马上有学生提出疑问。我也觉得有问题，便根据自己的经验，简单讲述小时候麻雀都在屋檐末端的瓦片下筑巢，后来进了城市，看到一些麻雀晚上在树上休息。

马上有孩子说，我家住得高，树上有麻雀的巢，能看到麻雀在里面。

一个学生站起来说,我有一天晚上看到麻雀就在树上休息。

这时,一个孩子的说法引起了大家的兴趣:前不久在老家,爸爸搬了梯子,去掏鸟蛋,被麻雀啄了一口。

这让人想起屠格涅夫的《麻雀》,一样勇敢的麻雀!

我再次出示作家苇岸的文字,请学生自主阅读,自由交流自己的发现:

麻雀在地面的时间比在树上的时间多。它们只是在吃足食物后,才飞到树上。它们将短硬的喙像北方农妇在缸沿砺刀那样,在枝上反复擦拭。麻雀蹲在枝上啼鸣,如孩子骑在父亲的肩上高声喊叫,这声音蕴含着依赖、信任、幸福和安全感。麻雀在树上就和孩子们在地上一样,它们的蹦跳就是孩子们的奔跑。而树木伸展的愿望,是给鸟儿送来一个个广场。

有一个孩子很喜欢麻雀的叫声"如孩子骑在父亲的肩上高声喊叫"这一句。

说到这里,我问学生:哪些人有过被爸爸举在肩上的经历? 结果差不多所有孩子都举手了。说及这种感觉,很多孩子都笑了,交流感受也是丰富多彩。有的说舒服,有的说快碰到天花板了,有的感到神气,一位女生则感到有点害怕。

我说,小时候过春节,步行 4 小时去 36 里地外的姑妈家做客,每次都走得很累,但是很神往。一旦累了,爸爸就会把我放在他肩上,我抓住他的头发,闭上眼睛,感觉像一次旅行。

回到麻雀这里,麻雀的叫声里是信赖、幸福和安全感。这一句写得漂亮,学生齐读这一句。

交流到这里,我小结道:"小雪聚焦故宫,发现故宫除了金碧辉煌,原来也很美;平时留心观察蚂蚁、麻雀,也会发现很多。专注才会发现,发现才会幸福。"

我出示了一句名人名言,请孩子们一起读:

如果一个人专心致志地瞧一朵花、一块石头、一棵树、草地、白雪、一片浮云,这时启迪性的事情便会发生。

——梅·萨藤

二十四节气读写活动,其实我更希望学生成为这样的一个人:玩,就玩得痛快;学,就学得专注。做一个专注的人,会更加快乐幸福。专注才能发现,发现更加聪明。作文很简单,就是要多发现"不一样"。

先写后教,学习专注地观察与连续地表达

这是我住的祥和花苑(板书)小区的一棵橘子树(板书:橘树)。很惭愧,我在这里生活了4年多,才发现小区里竟然有橘子树。本来以为橘子只会出现在超市的货架上。后来,我每个节气都去看它,它成了我不说话的朋友,我给它拍照。

这是我拍的4张照片,分别拍于5月、7月、10月与11月。我请学生先选一张自己喜欢的照片进行描写。

6分钟后,请愿意交流的学生读自己的作文。限于时间,每张图片都只请了一个举手的孩子。

第一个学生:

5月4日,邻居家花园的橘树长出了一个个小巧玲珑的花骨朵,白白的,含苞欲放,多么可爱啊!

老师点评:时间、地点都进行了交代,观察了花朵的大小、颜色,用词准确,尤其是"小巧玲珑"这个词语用得好。开头可以简单些,直接写"五月"。

第二个学生:

34

在夏天的一个日子里,橘树上已经长出了小橘子。此时,它呈现出青绿色,大的有半个鸡蛋那么大,小的只有两颗樱桃加在一起那么大。它们好像一个个害羞的姑娘,躲在绿叶后面。

老师点评:注意到橘树的变化,写出了橘子的大小、颜色,特别是发现了这些橘子"躲",写出了自己的独特感受。橘子的大小不够准确,可能跟图片有关系,7月的橘子,大约跟我们玩的弹珠那么大。

第三个学生:

10月24日是霜降,橘子成熟了。看它,又大又圆的身子像一个小皮球;又绿又黄的皮,像一个色彩相间的彩蛋;叶子也变得深绿深绿。掰开来,咬一口也许会很甜呢。

老师点评:大小、颜色都写了,最后一句很有趣味。叶子放在中间写,不合适,可以放在最后或者开头。

第四个学生:

今天是二十四节气中的第20个节气:小雪。

我们小区的橘子成熟了,它们挂在枝繁叶茂的树上,远远望去就像绿黄搭配的海洋,一个个橘子仿佛在说:"我成熟了,我成熟了。"都露出了笑脸,真可爱。橘子绿里带黄,剥开皮来吃,兴许会很甜呢!

老师点评:很欣赏你的这句"我成熟了,我成熟了"。专注看的孩子才会听到植物在说话。"绿黄搭配的海洋"这个比喻不恰当,要修改。"露出了笑脸"这一句要放到"仿佛说"的前面去,"真可爱"可以删去。

从四个孩子的描写来看,他们基本能够把每张照片写清楚,主要问题是对花朵、橘子的姿态,特别是成熟橘子的不同姿态展开不够具体,没有结合自己的感受来写,学生好像还没有展开想象的翅膀,用的话语也较为俗套。

怎么办?我想到了上作文课常用的"活动体验",PPT里有几张橘子照片,就请了几个孩子上台表演:一个橘子、两个连在一起的橘子、三个连在一起的橘子。

六个孩子在讲台上,一个"橘子"在考虑,站得高高的;两个"橘子"、三个"橘子"都在商量,一会儿,两个"橘子"肩并肩在一起,三个"橘子"背靠背蹲下来、紧紧挨在一起。

教室里的气氛变得不同。

在观察交流时,学生的感触变得丰富起来,如一个"橘子",孩子们用这样的话语来表达自己的发现与独特感受:

这个橘子挂在枝头上,有点孤独。

有的枝上只有一个橘子,它高高在上。

这个橘子自由自在。

高高挂在枝头上的橘子,在风里抖动着,一定感到了害怕。

有的橘子不想和其他橘子长在一起,一个人挂在那里,真是清高啊!

随着交流的进行与深入,教室里变得热闹起来,这是一种别样的热闹,小手在不断地举起,很多孩子虽然没有举手,但是他们的眼神变得不同。显然,是同学的发现与同学的话语,激活了他们的思维与想象。

这种热烈,在节气语文课上是第一次出现。

这热烈,在描述两个"橘子"以及三个"橘子"的姿态时也得到了体现。原先只是认为"两个橘子紧紧靠在一起",现在站起来交流的同学都觉得"橘子"们"像兄弟""像姐妹",有的说"它们挨在一起,半蹲着身子,在说悄悄话呢",还有的孩子说"这两个橘子真团结"。团结?我怀疑自己听错了,孩子们在为同学的发现鼓掌。这是孩子的眼睛啊!

至于三个"橘子",很多孩子感觉它们在玩什么游戏,有人说是木头人游戏。但也有孩子有另外的感受,这三个"橘子"背靠背,是不是在斗气或者在比谁大谁小呢?

这样的作文课!真好!

感受语言，提升品质

还有一点时间，就留给语言学习吧。

我出示了课文《石榴》片段：

这些石榴娃娃急切地扒开绿黄色的叶子向外张望，向人们报告着成熟的喜讯。

这时，你摘下一个石榴，剥开外皮，只见玛瑙般的子儿一颗颗紧偎在一起，红白相间，晶莹透亮。取几粒放入口中嚼嚼，酸溜溜、甜津津的，顿时感到清爽无比。

我请孩子们注意句子里的动词。这些语言没有说石榴如何可爱，却分明让人感受到了石榴的可爱。学生说，这是拟人。

概念都知道，重要的是在实践中学习，去写"橘树的四季"。孩子们一下子感到了挑战。

为什么要这样写呢？

我说：为了让更多的人发现、欣赏身边的美好事物，请大家帮我做一件事。

出示PPT——

亲爱的小读者：

明年《小作家》将推出图文专栏，配一张照片，还有不同的文字，欢迎你来稿。图片用JPG格式，文字可长可短，唯一的要求：把读者想了解的情况写具体。

《小作家》编辑部

上个月，我宣布了三个孩子的习作即将刊登在《小作家》上。孩子们的眼神都是直勾勾的，满是羡慕。这样的要求，对很多孩子意味着一种可能。写作有可能不再只是作业。

我问学生,写橘树的四季,你可以用哪些不同的身份去写? 学生说,可以是路过的行人,也可以是玩耍的孩子,还可以是旁边的居民。

我说,可不可以是橘树的主人呢? 可不可以是居委会的工作人员呢? 可不可以是这棵橘树自己呢?

作文就是一次又一次的发现,并把自己的好东西跟别人交流。

学生笑了。

最后出示这次习作的评价表,期待学生能够对照标准,自己学习修改。

四年级"描写"技能评价标准

领域	指标	优秀	合格	须努力
习作标准	1.写清楚有什么景物			
	2.从多个方面把景物写具体			
	3.按一定顺序写景物			

四年级"描写"过程评价标准

领域	指标	优秀	合格	须努力
过程标准	1.能持续观察一样事物			
	2.从多个方面观察事物			
	3.按一定顺序把事物描写具体			
	4.从读者角度进行修改,与别人分享习作			

期待学生的作文。

附学生习作

橘树的四季

王敬轩

大家好,我是一棵高大的橘子树,一年四季我的变化可大了,瞧——

春夏之交,我的身上长满了绿叶,一些含苞欲放的花骨朵点缀其中。这些小花骨朵白白的、嫩嫩的,有一种弱不禁风的感觉,但以后可都是一个个可口多汁的大橘子呢。

夏季,花骨朵已经长成了一个个弹珠大小的青果子。这个时节,雨水和阳光充足，青果子们飞速地生长着，个儿也在一天天地变大，宛如一场成长竞赛，大家都不甘示弱，你追我赶，尽情发挥。

秋季，凉风习习，我的橘子宝宝们已经渐渐绿里透黄。清晨，我的身上布满了晶莹的露水，此时我身上的橘子们，就像点缀在我身上的一颗颗晶莹剔透的水晶，令路过的人们垂涎三尺，巴不得能马上摘一个下来，一尝为快！

冬天来了，我身上的橘子大军们渐渐换上了金灿灿的外衣，争先恐后地向人们报告着成熟的喜讯。瞧，那个高高挂在我头顶的橘子，有一种孤独、清高的感觉；在我的左臂上有一对好朋友，整天说着悄悄话；我的右腿上，有三个橘子紧紧相连，相互依靠，像一个温暖的大家庭。此时，最骄傲的莫过于我，它们的成功有我一半的功劳呢！

明年，我将继续我的使命。

橘树的四季

徐子茵

作为一只野猫，我可喜欢这棵高大的橘树了！

阴雨绵绵的春天，我成了到树下躲雨的"顾客"；在酷热难挡的夏天，我喜欢在橘树下睡懒觉，直到傍晚来临；到了硕果累累的金秋时节，我喜欢看着一个个绿黄相间的小娃娃，希望它们尽快成熟；寒冷的冬天悄然来临，贪吃的我看着树上的橘子，口水都流出来了！

春天来了，橘树上开满了一个个弹珠似的花朵，它们白白的，十分可爱。它们有的含苞欲放，有的花开了一点，还有的已经绽放。它们躲在绿油油的树叶后面，像一个个害羞的小姑娘，紧紧地依偎在大树妈妈身旁。

在酷热难耐的夏天里，橘树上挂满了一个个正在牙牙学语的绿衣小娃娃。它们遍布在大树妈妈的周围，好像在兴奋地与妈妈交流自己学会的本领，又像是在和妈妈玩捉迷藏。一阵风吹来，树叶哗哗作响，好像大树妈妈和孩子们的笑声。在欢笑声中，我开心地睡着了。

到了硕果累累的金秋时节，橘树上的橘子仍未成熟。不过它们又大了许多，有的还是绿色的，有的已经绿里带着一丝黄了，好像一个个背着书包的一年级小学生。他们一个个排着队,把老师说要背诵的古诗背给妈妈听。大树妈妈好像在夸自己的宝贝背得熟练呢!

初冬,橘子一家热闹非凡! 一个个橘子换下了绿外套,穿上了黄大衣,像一个个黄色的小皮球。它们有的独自高高挂在枝头,显得那么清高、孤傲;有的两个挂在一起,好像一对姐妹在说悄悄话;还有的三个在一起,好像三个兄弟在拥抱,又像三个兄弟在吵架。大树妈妈有时成了训斥孩子的人,有时成了在旁边听孩子说悄悄话的人,有时还成了化解孩子们矛盾的人。别提有多热闹了!

橘子的四季不但丰富多彩,而且热闹非凡。

橘树的四季

徐籽衿

我是一棵高大的樟树,我有一个好邻居——橘树。

春天,橘树长出了花蕾。它们是米白色的,看上去好像毛茸茸的棉花。有的单枪匹马,坐在树枝上;有的两个一组,正在说悄悄话;还有的三个紧紧挨着,似乎是难舍难分的好朋友。它们虽谈不上美丽迷人,但也十分可爱。

在迷人的夏日,我的邻居身上已结出青绿色的果实。它们穿着这样的"外套",要是不仔细观察,还真不知道它混在哪片叶子底下哩!小橘子只有弹珠那般大;大的呢,也不过樱桃大小而已。它们躲在深绿色叶片后面,像害羞的姑娘。

到了霜降这天,橘子们已成长为一个个"少年"了。它们的身子绿中透了一丝丝的黄。叶子也变为了墨绿色,叶脉清楚地"描画"在叶片上,仿佛是一幅幅优美而又抽象的画!橘子们快成熟了,正好这几天连续下了雨,落在橘子上,看起来十分诱人,真想摘一个尝尝。

深秋,橘子们终于彻底成熟了,只有个别几个还有点青。我的邻居橘树也跟着它的孩子们长高了不少,枝繁叶茂。橘子们金黄金黄的,远看像一个个金元宝缀满了枝头,近看绿叶的空隙里夹了几丝黄。橘子们有的孤单地待着,很寂寞;有的两个紧挨在一起,像是在拥抱;还有的几个靠一起,正讨论着谁最大。真热闹! 摘下一个瓣了吃,应该很甜吧!

这就是我的好邻居橘树的四季,这一切都那么让人留恋。

橘树的四季

袁辰欣

大家好，我是橘子树上的一片小叶子。我有成千上万个兄弟姐妹，当然也包括我的朋友，古怪的小橘子们。

春姐姐跳着舞，唱着歌走来了。大树妈妈张开双手，热情地欢迎她。春姐姐高兴极了，带来了更多的兄弟姐妹，不一会儿，大树妈妈就"子孙满堂"了。我们跟新朋友们熟悉了，突然感觉身边空间少了许多。原来是可爱的花妹妹，她们可是小橘子们的"仪仗队"。呵，她们还含苞欲放呢！估计是见到了新朋友，本来想穿白色礼服美一番，可却小害羞了吧，一个个都蜷成小绒球哩！

泼辣的夏妹妹紧跟着春姐姐的脚步。她为我们每人都置办了一套深绿色的T恤衫，真漂亮！在新衣的诱惑下，小橘子们也因花妹妹的"抛砖引玉"，渐渐走了出来。胆小的女孩三三两两抱成一团，露出怯生生的神色；胆大的男孩则探出头去张望，用好奇的目光打量着这个陌生的世界。在我眼里，他们小极了，不过鹌鹑蛋大小，有谁会注意他们呢？不过都是在我们身后躲着罢了。

秋姑娘来了，温柔细心又体贴的她为我们的衣服画上了些许点缀的花纹，又顺便奖励了小橘子们一件青里透黄的外套。呀，下雨了。雨过天晴后，我们和小橘子们的衣服上都沾满了晶莹剔透的顽皮小露珠，它们把我们当作滑滑梯玩呢！小橘子们很兴奋，同时也长大了不少，有一个小拳头那么大了。

"咚咚咚"，迈着沉重脚步的冬爷爷得了感冒，咳个不停。可他还是非常爱护我们，叮嘱我们要多穿几件衣服。橘子们长大了，衣服金黄透亮。他们抢尽了我们的风头，跑到了前面。树冠上一个孤单的橘子，正偷偷地擦眼泪，他一想到自己没人理，不久也会因为成熟而被摘下，被吃掉，心里就泛痛。下面的双胞姐妹可没有这个顾虑，她们正为对方梳妆打扮，发誓永远在一起！最底下的三胞胎兄弟闹得热火朝天，在比谁长得最大、最好……

橘树妈妈的一年四季，小橘子们和我们叶子的一年四季，不一样，却又一样。结局一样，但那精彩的过程不一样：有的一生充满传奇，而有的则充满悲伤。无论怎么过属于自己的一年四季，它都是你独一无二的经历……

5 冬至夜,能不能出门

聊聊这个已逝的冬至

冬至快过去一周了,这几天,雾霾很重,天有些冷热无常。

孩子们在教室里有点缩手缩脚,是给冻着了? 还是临近期末,大家都有些紧张呢?

当然,期末复习了,学生忙,老师也忙。

上课了,我通过 PPT 出示了冬至大雪图,这是北方的一个村落,大雪如棉被,真是冰天雪地,但是炊烟袅袅,这人间烟火一下子驱散了世间的彻骨寒冷。不知我们的孩子能够读懂多少!

美,是可以进入眼睛的,但要进入心灵,也许还需要心态与积累。

让大家聊聊对冬至的了解,举手者不多,两三个孩子发言——

冬至,我们这里要扫墓的。

冬至,北方要吃饺子,我们这里吃汤圆。

冬至,是一年中白天最短、黑夜最长的一天。

既然学生交流还不充分,那就老师讲,课前斟酌再三:留下了少量的节气常识,多的是节气习俗。

冬至时,大多数花已经凋零,蜡梅却开得正艳,中山小学的校园里有几株蜡梅,也有点历史了。这是我几年前冬至这天拍的蜡梅照片。

今年暖冬,我家的月季花还开得红艳艳的,一边的茶花也不甘示弱,开了不少。从报纸上看到,这是厄尔尼诺现象。天气越来越暖和,科学家们认为不是什么好事,德国波茨坦气候影响研究所的科学家们发现,全球气温每上升一度,海平面就可能上升2.3米,这不知要淹没多少岛屿和城市!

这时候城市街头的一些植物,已有园林工人给它们穿上了冬服。如棕榈树,本是热带植物,自然怕冷,到了这里就被人呵护着。下面的图片摄于谷阳路、思贤路口,图片一出来,孩子们就乐了。你瞧,棕榈树们穿得鼓鼓的,像不像一家子出来逛马路,爸爸妈妈紧紧搂着三个小的,稍大一点的落在后面,最大的那个孩子则是跑到前头,别有情趣。

　　冬至是一个有文化的节气。它常出现在文人墨客的文章里，白居易的《冬至夜思家》便是：

　　　　邯郸夜里逢冬至，抱膝灯前影伴身。

　　　　想得家中夜深坐，还应说着远行人。

　　日本作家德富芦花也写过他看到的"冬至"：

　　今日冬至。

　　踏着霜打的枯草，伫立于野外，远远望去，满目荒寒凄凉。枯芦在寒风中战栗，鹡鸰在落叶的川柳上啾鸣。河川干涸，流水低吟，这一切轻声细语似乎在告诉人们：年暮将临。

　　在古代中国，冬至大如年。唐宋时期，冬至这天，皇帝要举行祭天大典，百姓要向父母等尊长行礼。

　　寒冷的日子里，中国古人还想出了一种有趣的游戏：九九消寒图。九九消寒图通常是一幅双钩描红书法，上有繁体的"亭前垂柳珍重待春风"九字，每字九画，共八十一画，从冬至开始每天按照笔画顺序填充，每过一九填充好一个字，直到九九之后春回大地，一幅九九消寒图就算大功告成。也有在白纸上画九枝寒梅的消寒图，每枝九朵，一朵对应一天。

听着这些，看着消寒图，学生很专注。

应该讲讲我记忆里的冬至了：

这一天，我们老家流行吃冬至团子。吃团子是大事，也是孩子们最快乐的事。母亲们总要早早地淘粳米、淘糯米，金色日头下，白花花的米摊开，晒至正好，就去磨坊轧成粉。选个夜晚，请个邻居，一起做团子。父亲烧火，母亲烫水和粉，水多了就糊，少了则硬。母亲一番搓弄，一大盆粉就成了粉冬瓜。然后，撮下一小团粉，搓成条，匀成杯，再放馅：糖馅或肉馅——那是事先调好的。然后合拢杯口，两手配合下压，团子就成了好看的刚露出半张脸的太阳。

我们小孩在一边看得津津有味，白团子们像一个个胖娃娃。还有青团子、黄团子，这就是乡下人能想到的最多的花色了。青团子用的是几个月前腌好的南瓜叶，黄团子则是现烧现做的熟透了的南瓜。不加色素，也没有食品添加剂。

家里开始热气弥漫，香气弥漫，我们的心跟着热腾腾的。

团子出笼，母亲会认真细致地给每个团子摁上一点红，圆圆的、淡淡的，好像小女孩额头中央的红。

小时候这段时间，快放假了，快过年了，最喜欢的事情之一，就是远房亲戚干奶奶到我们家做客，她给我们讲故事。怎样的故事呢？都是"野毛人"，讲它如何变成外婆骗走小孩，吃了长生不老……我们边听边冒冷汗，但忍不住听，而且每年都盼着这个时节。这是一个跟平常生活完全不同的世界。

我讲述这段经历时，很多孩子把眼睛都瞪大了。

当然，这段真实的经历，我是想为下面关于"冬至夜"的讨论埋下些伏笔。这些所谓"鬼"的故事，似乎从来都没有离开过我们，过去，现在。那么，未来呢？

人定胜天，那是一个时代的思考与行动。对于人与天的关系，就好像中国古代文化中人与道的关系，我相信，人能做的，是要向水学习，和谐美好地活着，生气勃勃地活着。

《九九歌》便是人类在此等严酷环境下的创造。

出示《九九歌》。冬至后就开始"数九"了，民间流传着《九九歌》，我请学生一起读：一九二九不出手，三九四九冰上走，五九六九河堤看柳，七九河开，八九雁来，九九又一九，耕牛遍地走。

最冷的时节，已经想到春暖花开，想到耕牛春播，我们的先人其实一直向前看，他们也许还茹毛饮血，也许还衣食有忧，但是已经学会了乐观。这与雪莱的"冬天来了／春天还会远吗"有异曲同工之妙。

议议身边的社会现象

习惯上完一次节气课，就考虑下个月的教学内容。这次自然也是一样。11月想着12月，大雪还是冬至，自然选择后者。

教什么呢？有一天，我想到了这里的一个习俗：冬至夜，不要随便出门。我是2004年到松江工作的。松江是上海之根，历史上先有松江府，再有上海县。正在开发的广富林文化遗址可以证明松江的古老。

想到这个题材，有一点激动，可以让学生学着议论，发表自己的看法。但我随即又动摇了:冬至夜不出门是不是有点迷信啊？如果是迷信,我们理应破除,还用讨论吗？

犹豫了好长一段时间。

就在这时候,《中国国家地理》杂志来了。随手翻阅,看到大鬼小鬼的图片,一愣,再找到题目,原来是武安傩戏。

细细读了一遍。武安傩戏起源于商周时期,至今已有千年以上历史,傩戏大多演的是斗鬼、抓鬼、杀鬼的戏。《中国国家地理》由中国科学院主管,读罢文章,我释然了:科学驱除愚昧,也反对迷信,但是世世代代流传下来的一些民风习俗,仍有生命力,不能简单地判断为迷信,也不能一味地夸大其价值。那么,请学生来议论,应该有些意义吧?

想到这里,我就开始设计。

教学分两步进行——

第一步,当堂调查:冬至夜,你出去了没有?

举手的只有几名同学。可以想象,放学已经天黑,晚上要完成作业,天又冷,第二天还要上课,没有事,小孩子一般哪会出去!

第二步,请学生独立思考,做出选择:我们松江有一种说法,就是"冬至夜不能出门",你是赞成,还是反对?

给 10 秒钟,让学生自己决定。

认为"冬至夜能出门"的学生有 18 个。剩下的 33 个学生都选择了"冬至夜不能出门"。

我在黑板上板书了"观点"一词。"有了自己的想法,就是有了自己的观点,你们很棒。为什么你这样选择,能不能交流一下想法?"

首先是认为"能出门"的同学发言。选择的人少,发言就优先吧。等了又等,一个男生发言,一个女生发言,理由是这样的:只是一个节气,跟其他日子没有什么不同;冬至夜长,可以出去看看。

赞成"冬至夜不能出门"的人多,交流看法时,一下子有好几个学生举手。

"期末考试快到了,在家里好好复习,不能再分心了。"

"正好是节气,可以跟家人在一起聚聚。"发言的是一个女生。

"如果出去,晚上就睡得少了,第二天起不来,影响学习。"

接下去一个学生的发言让我有些惊讶:"冬至夜不出去是我们这里的一个习俗,我虽然有自己的想法,但是要尊重我们的习俗。"

接着有女生补充:"听老人说,冬至夜过了 12 点,大鬼小鬼都要出来,现在我们知道没有怪力乱神的事了,但避邪总是不错的,我选择冬至夜不出去。"

这个女生知道得多,用词造句也新鲜,原来是课前刚刚被表扬作文写得好的"小才女"袁辰欣。

这时,旁边的一名女生又举手了:"冬至夜不出去,我们正好在家里吃汤圆,团团圆圆,甜甜蜜蜜,多好!"

这个女生学得活,她的话让我们想起一篇课文。学生抢着说:"三年级时的《啊,汤圆》!"对,课文让我们增长知识,学了要记得住,记住了还要用得出,这个孩子会学习,值得大家学习,此处应该有掌声。

课上到这里,我觉得学生进入状态了。

对生活中的一个现象,有自己的观点,还能简单地说说理由,对四年级学生来说,已经不容易了。但是,能不能"百尺竿头更进一步",学一学议论呢?

无论是语文课程标准,还是小学语文教材,都没有让小学生发展议论能力的要求。30 多年前,我还是学生,小学是写记叙文,初一继续学记叙文,初二学说明文,初三学写议论文。30 年后,中小学写作教学的基本格局没有大的变化。

但是 10 年前,我在中山小学教语文,开始在班级里尝试"话题写作",曾经提出"地球一小时"(3 月的最后一个星期六,20:30—21:30 熄灯)的话题,请学生讨论,结果大家七嘴八舌,各抒己见,最后也没统一意见,我让双方各写了作文。我据此写成论文,竟在上海市写作学会组织的论文评比中获得一等奖,《小学教学》也刊登了我的这次课堂实录。

大约是 5 年前,上海师大吴立岗教授来到中山小学指导作文教学,我有幸得到他的指点。从他那里,我学到了很多,比如作文课程目标体系的构建,再如素描作文的深化,其中一点让我共鸣并振奋,那就是小学生可以学一点议论。这是吴教授研究了苏联的作文教学后提出的真知灼见。遗憾的是,国内这方面的研究几乎看不到。贾志敏先生曾写过一篇短文,介绍了一个叫"南方"的小学生,这个男孩子特别有自己的想法,不同寻常。贾老师特意撰文推荐南方的习作(大多是精彩的生活、学习与社会短评)。

今天这样一个时代,信息传媒无处不在、无时不在,教育要面向未来,培养的学生恐怕不能只是"两耳不闻窗外事,一心只读圣贤书"。这涉及教育的价值,也关乎孩子的成长。事实上,家长们常常反映,孩子在生活中"知道很多""也很会说话",其中不少就是对身边事物与现象的点评与议论。

学学课文的语言表达

四年级学生没有学过议论的方法,更没有写过议论文。但是,他们已经接触过运用议论写法的课文——我们老师一般不予点破,只是不教而已。

向课文学习议论!

先激发求知欲。学生有了自己的观点,也将理由做了简单的交流。请学生判断:听了别人的发言,你的想法是不是更加完善,如何更好地表达?学生此时是有困惑的。这时候,我板书了三个字"有理据",说话要有道理,要有根据。什么是"有理据",我们来读读课文。

先让学生看本学期课文《孔子和学生》第3节,读一读,思考:孔子的观点是什么? 他这样说,你信服吗? 为什么?

子夏越听越糊涂,忍不住问:"老师说的话真叫人迷惑,既然他们都各有长处,而且比您还要了不起,那他们为什么还要跟您学习呢?"孔子和颜悦色地告诉子夏:"颜回很守信用,但不懂得变通;子贡聪明,但他不够谦虚;子路很勇敢,但宽厚、忍让方面仍待学习;子张处事谨慎,为人严肃,可是旁人却不容易亲近他。我这四个学生虽然各有优点,但都还要不断学习啊!"子夏点头称是,他明白这是老师对自己的教育。

讨论时,学生发现了孔子的观点是"每个人都有缺点,因此还要不断学习",他的观点很有说服力,举了四个例子,联系了生活,这样的议论很有力量。顺着学生的交流,我板书了"有事实"三字。其实,像这样用事实说话的课文,本学期还有《特别的作业》等，限于时间，不能再请学生围绕"事实"展开进一步讨论了。

接着出示了这学期的课文《律师林肯》。这是林肯做律师时做的无罪辩护，更接近驳论，我们来看一下：

林肯回答说："证人发誓赌咒，说他 10 月 18 日晚上在月光下看清了阿姆斯特朗的脸。可是，10 月 18 日应是上弦月，11 点时月亮已经落下去了，哪里还有什么月光！再退一步说，月亮还没有落下去，还在西天，月亮也应该从西往东照。而遮挡着福尔逊的草垛在东边，下面站着阿姆斯特朗的大树在西边，如果阿姆斯特朗面向东边的草垛，脸上是不可能有月光的；如果不面向草垛，证人又怎么能从二三十米外的草垛那里看清楚被告人的脸呢？"

这段话比较长，逻辑严密。学生已经学过，请他们先提炼林肯律师的观点。学生说是"证人无法看清楚被告人的脸"。那么，林肯是怎么来阐述这一点的呢？也请学生自己读书、思考。他们很快达成了共识：律师用事实来证明自己的观点，那就是"10 月 18 日应是上弦月，11 点时月亮已经落下去了，哪里还有什么月光"，可见证人不可能看清被告人的脸。而接下来律师的陈述，学生认为说得很有道理，律师做了假设，假设月亮还在西天，那么只能是两种情况，而每一种情况，证人都不可能看清被告人的脸，可见他是骗人的。

这是多么严密的话语逻辑。我在黑板上板书了另外三个字：有分析。

我小结，我们在陈述"冬至夜，能不能出门"时也可以做到：有事实，有分析。

由于第一次接触这样的知识，我请持同一观点的学生自由组合，一起商量，共同完成议论片段的写作（限于时间，讨论后，只能让学生课后再写了）。

想想更远一些的武安傩戏

我拿出了厚厚的《中国国家地理》杂志，翻到了"武安傩戏"，在黑板上写了大大的"傩戏"，请学生读准字音。

然后，简单介绍傩戏：武安傩戏是一种古老的汉族戏曲剧种。最早出现在夏商时期，距今已有 3000 年历史。最初以面具戏为主，逐步发展为傩戏、赛戏、队戏等十余种形式，分布在全市各乡村。近年来，武安市冶陶镇固义村演出的《捉黄鬼》和武安市邑城镇白府村演出的《捉死鬼》成为傩戏中的代表作。

语言往往显得无味苍白，尤其是傩戏这样遥远而古老的戏剧。我请学生看杂志上的三张图片——

这张是抢黄鬼。学生看到的是烟雾缭绕的画面，大鬼小鬼起舞、弄刀，正准备把坏鬼（也就是黄鬼）"杀死"。扮演黄鬼的青年低垂着头，气势已去，只等一死。而其他鬼差则兴奋不已，代表鬼界"惩恶扬善"。

在学生欣赏图片时，我简单讲述"抢黄鬼"的故事：穿着单衣，昂首挺胸的是大鬼，负责驱除黄鬼。捉鬼的队伍行进到村南的阎王台，村民扮演的判官、阎王等，对黄鬼进行审判，判官历数罪状，阎王下达惩恶扬善的判决，命令鬼差

把黄鬼处以极刑。随后，在阎王台的对面，大鬼、二鬼以及跳鬼在很多鬼差的簇拥下将黄鬼押上行刑台。此时，专门负责烟雾和爆竹的村民，就会一齐放烟燃炮，在滚滚浓烟中，鬼差把黄鬼的几节断肠（事先准备好的鸡肠）抛向空中，表示黄鬼已经被杀死，象征着村民的除邪避灾取得了成功。

下面这张是拉死鬼。画面上，两个鬼差拉着死鬼游街。用铁链把死鬼锁在中间，两个小鬼分别站在前后，以防止死鬼逃跑。同时他们身上还挂上了大铃铛，一跑起来叮当作响。此时村中家家户户张灯结彩，门前点起了篝火，用长长的杆子挑起鞭炮。当鬼快跑到谁家的门口时，这家人就会赶紧点着柴火，让火烧得旺旺的，火越大越旺越吉利。当鬼跑过来了，就点燃爆竹，让鬼在震天的鞭炮声中跑过，俗称"炸鬼"，寓意赶走灾难疾病、驱除邪气，保佑来年人和牲畜健康安全。

右边这张图片是一家三代看完傩戏，说说笑笑，走在回家的路上。这张照片里的几个人，既有白发老者，也有蹦蹦跳跳的娃娃，手上拎着的都是描画精致的鬼脸。这一幕特别打动我。之前，我对傩戏可谓一无所知，现在稍稍有了了解后，除了能确定这是一种传统文化习俗外，我并不能做出怎样的判断。但是，
从这些图片里，我真切地感受到数千年前先人的欢乐与苦痛。傩戏结束后，我们的先人也会是这般神采奕奕、欢天喜地。我只想说，与其说他们在为村寨"驱鬼""杀鬼"，不如说他们乐在其中。傩戏，拉近了人与人（包括亲人）的关系，也拉近了人与社会的关系，更拉近了人与历史的关系，让每个人都觉得自己是有根的：你来自哪里？你是何人？这样的傩戏，这样的"鬼文化"，理应传承，理应发扬光大。

来不及让学生讨论"黄鬼""死鬼"是否真的是鬼这一问题。在人的眼里，它们仅仅是鬼吗？

我想起了三年级的课文《看月食》，就以此为引子，来结束这堂节气课：大家还记得《看月食》吗？奶奶认为是天狗吃月亮，孩子看到了月亮神奇的变化，而爸爸则用科学的眼光来解释。是的，社会在发展，文明在进步，人类改造世界的能力在提高，生活更加美好。但是，无论何时，我们依然会讲述天狗吃月亮的故事，也会讲述科学道理，为什么？因为前者是文学世界，激发好奇心，打开想象力。今天我们讨论"冬至夜能不能出门",不是要追求一个结论,而是想提醒大家关注身边的现象。作为老师,最后发表我的个人观点:以前,我不觉得这种说法有什么,不以为然;现在,我会尊重,尽量不出去。我认为,这种说法是我们这里独有的文化,是一代又一代人对后代的美好祝愿!

讨论:冬至夜能不能出去

我们认为冬至夜是可以出去的。冬至只不过一个节气,和平常相比,没什么特别之处。那天晚上,我和妈妈外出吃饭逛街,发现大街上和往常一样热热闹闹。虽然人们说这天晚上 12 点以后,会有妖魔鬼怪出来游荡,但那些都是传说,是人们的一种传统观念,我们要勇于挑战传统。再说了,那些上夜班的人要出去上班,不是也没有发生什么事吗?所以,冬至夜可以出去,我们不能被传统观念束缚,要勇于打破,做一个勇敢的人。

(王敬轩 徐子茵 唐悦函)

我们认为冬至夜不可以出去。民间有这样一个传说:冬至那天晚上 12 点以后大鬼小鬼都会出来,它们会在角落里哭泣,如果有的鬼死得不明不白,心中充满了仇恨,就会将晚上出来打扰到它们的人吃掉,或者让他们得一种怪病,大哭大笑大闹然后不治身亡,所以就有了冬至夜不能出去的习俗。虽然这些都是传说,但是我觉得我们不应该完全否定它,而是要尊重传统、尊重习俗。另外,我觉得寒冷的冬至夜,听长辈的话(冬至夜不能出去),在家里待着也挺好的,可以在家里看看书,享受家庭的温暖,也可以免受那刺骨的寒风,何乐而不为呢?

(陆刘青 沈弋宸 袁辰欣)

附学生习作

我 的 冬 至

朱小语

冬至,是我国一个重要的节气,是北半球全年中白天最短、夜晚最长的一天。听老人说,这天北方人吃水饺,南方人吃汤圆。

今天,我们全家喜气洋洋,有着过年的气氛。奶奶和妈妈在和汤圆粉,我在旁边帮着削萝卜,不一会儿手就很酸,可是为了吃萝卜丝汤圆,我没有放弃,终于削好了。当奶奶把削好的萝卜丝和肉加入老抽后,我抢着帮她搅拌。把汤圆粉和成泥后,我们就开始搓汤圆,奶奶和妈妈的速度很快,不知不觉间就搓出了很多汤圆:圆圆的,油光发亮。

"妈妈,我也想搓。"说完我就卷起袖子,挖了一小块汤圆粉搓起来。这有什么呀,看我大展身手。搓着搓着就觉得不对劲,汤圆泥就是和我作对,一点也不听话——要么碎了,要么是方的,要么是长的,就是圆不了。妈妈告诉我搓汤圆时不能太着急,还要用点力气。按照妈妈教的,我反复尝试,一个圆溜溜的汤圆终于做好了。我越搓越好,越搓越来劲。

当厨房里飘来香喷喷的气味时,我迫不及待了。奶奶给我盛了一碗,说:"小宝贝,慢点吃。"太香了,我一下吃了八个。这香甜可口的汤圆比以前的任何一次都好吃,因为它是我自己做出来的。

冬至虽寒冷,但一家人团聚在一起是多么好的事情,其乐融融。

我的冬至

储　婕

今天,太阳到达黄经270°,冬至悄然来到了我们身边。

早上6:20,我起床时,发现天还阴沉沉的,看上去像晚上,也似乎是早晨,我疑惑不已。妈妈告诉我,冬至是北半球一年中白天最短、黑夜最长的一天,还跟我说:"吃了冬至饭,一天长一线。"我吃好早饭到阳台,发现窗上有一层薄薄的霜,吹了一口热气,碰到的地方慢慢变成了水流下来。

走下楼,一阵风吹来,我马上感觉到一丝寒意,我又用嘴巴吹了一口气,气都变成一团白烟,好像一个烟囱在吐烟,可有趣了!上学路上,我看到一辆车子,里面坐了许多人,手里都拿着鲜花,问了爸爸才知道是去祭拜先人的,因为冬至有祭拜祖先的传统。

到了学校,我发现同学们有的在墙壁上画画,有的在写字,还有的在玩游戏。我走近仔细一看,墙壁湿漉漉的,像下了雨一样。

放学回家的路上，我看见树木有的枝叶还很茂盛，有的落了快一半了，还有的只剩下光秃秃的树枝。小区里的野猫大多看不到了，只有几只在楼底下躲风寒，也不知道飞来飞去的小鸟都去哪里了，大概都去南方过冬了吧！

这就是我的冬至，你的呢？

我的冬至

袁辰欣

2015 年 12 月 22 日，冬至悄然降临。

这天十分温暖，好像是那萧瑟的秋，冰冷彻骨的寒风早就消失得无影无踪。现在别说下雪，连我家门前的两棵桂花树也还枝繁叶茂，郁郁葱葱。虽说无花，但也显示出勃勃生机。就是远处那孤零零的小桑树，也还存有几片幼小的树叶。冬，是来晚了吗？它怎么能允许这儿这么不把它放在眼里？

灰灰的、阴沉的天，衬托着家里四株快开花的风信子。破裂的外壳，与朝气蓬勃、含苞欲放的嫩芽形成鲜明的对比。那条失去了一个伙伴的蝶尾金鱼，最近也是忐忑不安地躲在鱼缸的角落里，摇着尾巴，只在喂食时出来，吃几口，又游了回去。

五点半到了家，天快黑了。永远忘不了，冬至时奶奶在厨房忙碌的场面。特别是四色汤圆和赤豆糯米饭。四色汤圆须先将绿豆、红豆、糖冬瓜、芋头分别蒸熟，去皮，放入白糖、芝麻、熟猪油等调味品制成四种馅料。将蔬菜汤圆皮按颜色分别包入不同的馅心，做上记号。最后将汤圆放进糖水中煮熟，然后在每碗中各装一个不同口味的汤圆。一道色、香、味俱全的美味佳肴大功告成！红的、绿的、紫的、白的……一个个如娃娃的脸，分外可爱。

赤豆糯米饭嘛，雪白的糯米里镶嵌着红玛瑙般的赤豆，颗颗饱满亮丽，那可真叫一个绝！坐上饭桌，赤豆糯米饭、四色汤圆、羊肉汤、水饺……冬至美食全搬上了我们家的餐桌！奶奶笑吟吟地看着我们狼吞虎咽，为我们讲故事，说民谚。我们边吃边听，好幸福。

嗯，这个冬至送你一束吉祥草，愿你记住：四季如画，每一分每一秒，都是人生最美丽的画卷……

6 大寒前后有故事

贺年羹与腊八粥

真是很对不起,休业式,竟然还要孩子们来上课。

进入一月,有区域质量抽测,还有每学期必有的全员参与的期末考试。复习迎考是紧张的,我实在不忍心让孩子们来上课。

上周末,考试已经结束,我跟李老师联系,李老师答应从休业式省出时间来:9:20—10:00。

20日,9:15到了教室门口。李老师正在布置寒假事宜,一见我,就停下了。我问,微电影《元日》下载了吗?李老师说没有找到。

我知道教室里的电视可以联网,就说试试。

等下载成功,时间已经到了 9:25。

为什么一定要用这部时长 5 分 50 秒的微电影呢?

前段时间,从《文汇报》上看到"行进上海 精彩故事"微电影大赛结果,《元日》获得综合类影片金奖。那天我扫描微信观看,年味重,画面美。

二十四节气,是知识,更是文化。诵读需要,了解需要,经历与感受同样需要。《元日》的意义在于化枯燥的知识为生动的形象,将道德说教融入诱人的故事,里面涉及的"贺年羹"传说,更说明上海是一座有温度的城市,一座有记忆的城市。观看这样的电影,可以丰满、完善属于我们的"上海记忆"。

故事大致是这样的:明朝某年新春,一位高官回乡给"嘉定四先生"之一的恩师唐时升拜年。唐时升见学生登门,心里又喜又急。喜的是学生当上大官,自己脸上添光;急的是家徒四壁,难以招待学生。他马上把供奉神明的供品红枣、荸荠、老菱及碗橱里的冷面、圆子等,都倒进锅里,烧成了一道美食。吃完后,学生问及菜名,唐时升灵机一动说:"此为'贺年羹'。"从此以后,新春吃一碗贺年羹,就成了嘉定乃至上海的特色民俗。

于是,想到临近新年的大寒节气语文课,一定要让学生看一看。

我搜索了一下,从网上下载了对这部微电影的评价:

这是一部别出心裁的动画片,画风颇有中国年画的味道,以嘉定民间故事传说为梗概,讲述了 400 年前小城嘉定的一个春节故事,物阜繁华、爆竹喧嚣,与一介寒士家中一碗"贺年羹"里的朴拙温情融汇在一起,展现了春节里的世情况味。

电视里突然出现了《元日》的画面,容不得我反应,微电影自己开播了,教室里一片惊呼。

5 分钟后,电影戛然而止。学生兴奋地交流所见所闻。我在黑板上板书了一个词:贺年羹。一起读,一起记"羹",给孩子们简单介绍这个 400 年前的嘉定故事,是关于过年的故事,关于尊师的故事。

说完贺年羹,就说说腊八粥的故事。

我先出示了两张图片,这些图片很传神,一下子就吸引了我,我希望它们也能够吸引学生,能让他们形象地感知腊八粥的传统与美味。

腊八粥,用各种粮食和果仁一起炖煮而成。除了各种米以外,红枣、莲子、核桃、栗子、杏仁、松仁、桂圆等,凡是想得到的果仁都可以往里放。寒冬腊月,一家子围坐在一起,品尝热腾腾香喷喷的腊八粥,多么温馨甜蜜呀!

说到这里,有学生在下面笑。

关于腊八粥的起源,有很多传说,我只选择了关于岳飞的一个,只是因为这样的故事对孩子来说,更有意义。当然,讲故事前,我要说明这只是腊八粥起源的传说之一。等孩子慢慢长大,感兴趣的话,他们会自己去探索知识,发现更大的一个世界。

当年,岳飞挥师北上,率领众将士抵抗女真族对南宋的掳掠残杀,深受人民爱戴。但朝廷却下令让岳飞回朝,岳飞说"将在外,君命有所不受",依然顽强抵抗。没想到,朝廷连下十二道金牌逼岳飞回朝,无奈之下岳飞只得遵从皇命。岳飞要走了,边疆一带的老百姓哪里舍得?想起岳飞的忠勇,想起士兵们的流血牺牲,百姓们自发拿出家里的粮食煮成粥为岳飞等众将士送行。由于当时生活条件较差,各家的粮食都不一样,有麦有豆,五花八门。百姓将各自煮好的粥倒在一个容器里,混合后送到岳飞面前,就是一碗有米有麦有豆的粥了。岳飞率领众将士道谢。回朝后,岳飞被朝廷以"莫须有"的罪名杀害。百姓为了纪念岳飞,每年腊月初八都要做"百家饭",也就是腊八粥,来表达对岳飞的敬重与怀念。

不同人的大雪

故事说完了，说大寒。

今天就是大寒。天气预报，本周末上海将出现"霸王级"寒潮，气温骤降，可能达零下 10 摄氏度，应该是 1981 年以来最冷的大寒了。届时可能有大雪。

出示大寒图片，冰天雪地。

关于雪，孩子们的感受会是怎样的呢？随机抽两排学生，"开火车"发言，14 名学生，7 男 7 女。其中 13 人几乎是一个声音，积极的、愉悦的，只不过用的词汇稍有不同：高兴、快乐、欢乐、兴奋、开心。只有一个女生说：有点担心。

问其他同学，看到大雪开心的请举手，只有一个不举手，一个女生，说有点难过。

两个不同的声音。请她们起立发言，阐释原因：雪大，出门就不方便，所以有点担心；雪大，可能压死花坛里的花，所以有点难过。

为不同的声音鼓掌！

教师应该鼓励学生独立思考，发表自己的观点。

出示更多大雪的图片，这些自然都与欢乐有关。尤其是第一张，一个司机从车窗里探出头来，他的汽车堆满了厚厚的雪，不仔细看，看不出是辆汽车，倒像一个特别的大蘑菇。

又出示几张图片，展现大雪后交通出行不便的画面。

这些都是孩子们平常看不到想不到的事。换个角度，请学生思考：如果你是想回家过年的农民工，遇上大雪堵路会怎么想？如果你是一匹骏马，此时大雪没过身子，你又会想什么？

不同的感受，是因为我们有着不同的经历与故事。就像刚才两个同学，一个一定曾经在大雪天摔倒，或看到亲人、朋友摔倒，这样的疼痛感她一直没有忘记。而另一个女生一定曾经细致观察过身边的花草，有着一般孩子没有的敏感。

下面出示名家关于大雪的文章片段。都写雪大，但文字不同感受也不同，也是与各自的经历、故事有关。

边塞诗人岑参生活的时代，西北边疆战事频繁。岑参怀着到塞外建功立业的志向，两度出塞，前后在边疆军队中生活了六年，因而对鞍马风尘的征战生活以及冰天雪地的塞外风光有着自己独特的观察与体会。他充满激情地歌颂边防将士的战斗精神，也满怀深情地赞美祖国边陲的壮丽山川。看到大雪，豪情满怀，如

《白雪歌送武判官归京》"北风卷地白草折，胡天八月即飞雪。忽如一夜春风来，千树万树梨花开……"写的是边塞风雪，却给人以春意无边的感觉。

毛泽东的《沁园春·雪》写于1936年，其视野是"千里""万里"，何等的胸怀博大！这首咏雪词抒发了对祖国壮丽山河的无限热爱，表达了作者的豪情壮志，体现了革命家的伟大抱负。

我为学生朗读了上片——

北国风光，千里冰封，万里雪飘。望长城内外，惟余莽莽；大河上下，顿失滔滔。山舞银蛇，原驰蜡象，欲与天公试比高。须晴日，看红装素裹，分外妖娆。

到大自然中去

大寒，一年中的最后一个节气。之后，就是立春。2月4日，孩子们都在过寒假。我们曾约定，在未来一年中的四个特别的节气：立春、立夏、立秋和立冬，跟踪拍摄、观察、描写一样事物。

前几天，李老师已经让学生做了计划：你准备观察哪些事物？每人写三样。

说这些事情前，我出示了一张照片，讲述了一个故事——

这只花猫，曾给了我很多快乐。

我们一家在祥和花苑住了8年，在这里我认识了这只猫。说也奇怪，与其他野猫不同，它不怕人，我下楼，它该坐哪还是坐哪，不紧张，不害怕，更不逃走。慢慢地，它跟我熟悉了。只要家中吃鱼，鱼头还有骨头，我们都带下六楼去喂它。这时，我才发现，同一栋楼里喂它的不止我们一家。

它熟悉你了，你熟悉它了。你发现，它不但吃鱼，也吃肉，但素菜是不吃的。我下楼，只要它在，就会跟过来要吃的。以致我家有时候买菜，也得考虑考虑要买鱼了，要买肉了。

春天、夏天还有秋天下楼去散步，我打一个招呼，它会跟着我去散步。我匀速步行，它却不是，兴奋地跑前跑后，快了要回头看看，如同家养的宠物。但每次走到小区的三岔路口，距离小区大门还有七八十米，它就停住，远远望着，不肯走了。

更有意思的是，后来来了一只黄猫，跟着花猫一起过日子。再过了一段日子，又来一只小花猫，很活泼，眼睛雪亮，也跟着花猫它们一起过日子。原先一只猫，现在三只猫了，花猫总是最后一个吃。别的猫过来，它自然要去赶、赶、赶。

一幢楼里有很多人关心这几只猫。三楼有一对夫妻，妻子是护士，有一次花猫的耳朵受伤了，好像是被别的猫咬烂了。他们把消炎药打开，把药粉撒在饭菜上，花猫几天后就康复了。

遗憾的是，几年后花猫突然不见了。过了一段时间，黄猫倒是又来了，但是见到我，似乎比以前警惕了。

如今，我早已搬离祥和花苑，但我在小区里散步时，每次有野猫蹿出或走过，就会想起那只花猫。

人与动物，可以陪伴，动物会给人生增添无穷的趣味与内容。

讲完了我的故事，我说，请大家也来讲述一个故事，可以是一条路的故事、一座山的故事、一座公园的故事，也可以是小区一棵开花的树、家里的一只宠物，等等。

先让学生交流自己选择的三样事物。

请了几位学生，答案大致相同，几乎都是植物：杨柳、风信子、水仙等。问全班，有不同的选择吗？几个学生举手，选择也几乎一致，都是小动物，比如小仓鼠、宠物狗……

继续问一个男生，你说的狗多大了？男生回答，三个月。

马上肯定，这是一个好素材，因为小狗会变化，一年下来一定会有许多新发现。

选择素材的第一条建议就这样出台了。马上请学生根据这一建议调整自己的选择,三样事物中如要筛选,可以保留什么?

还是请刚才发过言的孩子,一个学生说水仙。我建议道,水仙马上要开花了,这段时间很适宜,但到了夏天、秋天,水仙可能早烂掉了,所以建议你换一种。学生说,那就风信子。

我对风信子不了解,不好再做什么指导与评价。

另一个学生说,"我原先观察杨柳、桂花和风信子,现在我要换成观察袜子弄"。袜子弄是学校附近的一条老马路,两车道,两旁是老树,有一点历史了。边上还有花坛和通波河。这样的调整真的不错。

好,从关注"我"到身边的世界,这是一个可喜的变化。

顺着这个孩子的思路,我的第二条建议出来了:如果你观察的事物能够反映松江的特色与文化,那就最好不过了。

这时候,应该下课了。今天是休业式,家长们此时开始出现在窗口,他们都到教室外来接孩子了。不能再多讨论。

我的第三条建议:这件事要取得家长的支持,特别是到外面观察拍照的时候,一定要有家长陪同哦。

2月4日是立春,请开始你的记录,准备给这个世界,讲述你关注的一朵花、一棵树、一条路……

雨水:春天来了

雨水真的没有雨水吗

跟学生问好后,照例给学生欣赏形神兼备的"雨水"图片——

这段时间,关于节气大家都感受到了些什么?

天气暖和了,这是学生共同的感受。的确,一月寒冬,经历了这些寒冷的日子,二月真有点"暖"不胜收了,特别是过年的日子超暖,大街上都有穿衬衫、T恤的青年了。

不过,一个女生站起来质疑:雨水,没有下雨啊。

这倒是真的。这段时间不是晴天就是多云,哪有雨水的影子啊?

对此,我倒是有预设的。这个月 23 日的《松江报》上有一位记者的文章,我课前已经做在了 PPT 上,正好出示,请学生浏览:

雨水来闹元宵节　　今起以多云为主

本报讯(记者 朱晓靓)周日晚上,雨水悄悄潜入夜。本周第一个工作日,恰逢正月十五元宵节,茸城维持阴雨天气,夜间雨势减弱,将转为阴天。

记者从区气象台获悉,受到东移高原槽和偏南暖湿气流共同影响,今年元宵节,我国南方大部分地区都以阴雨天气为主,本区也有明显的降水过程,雨量中等。

……

读完后,请学生概括自己从材料中获悉的主要信息。一个学生说,南方元宵节时大部分地区有明显降水。另一个说,"雨水"还是有雨水的。

的确,作为二十四节气中的老二,雨水表示降水开始,雨量逐渐增多。它包含了两层意思:一是天气回暖,降水量逐渐增多;二是在降水形式上,雪渐少了,雨渐多了。雨水后,春风送暖,人们明显感到春回大地,春暖花开。

因此,刚刚过去的这个双休日,有一些孩子就跟着家长出去玩了。

我也去了附近的昆秀湖,欣赏到了美丽的梅花。好东西请孩子们一起分享,这是我拍摄的满树鲜花——

当然，这段时间，用心的孩子还能发现：每天醒来，窗外都是小鸟的歌声，一声一声，清脆亮丽，很好听。晚上呢，整个小区里，野猫都会叫声不断。这个季节，它们急躁不安，到处呼朋引伴，为猫族繁衍生息而忙碌。

古人不见今时月，今月曾经照古人。这个时节，也曾让多少文人墨客动心动情，写下不朽的诗篇。

学生说学过孟浩然的《春晓》，齐诵：

春　晓

孟浩然

春眠不觉晓，

处处闻啼鸟。

夜来风雨声，

花落知多少。

学生还学过杜甫的《春夜喜雨》，齐诵：

春 夜 喜 雨

杜　甫

好雨知时节，当春乃发生。

随风潜入夜，润物细无声。

野径云俱黑，江船火独明。

晓看红湿处，花重锦官城。

韩愈的《早春呈水部张十八员外》也是名作，学生没有学过，一起读读。

天街小雨润如酥，草色遥看近却无。

最是一年春好处，绝胜烟柳满皇都。

莫道官忙身老大，即无年少逐春心。

凭君先到江头看，柳色如今深未深。

雨水节气，农民伯伯都要做什么农活呢？我出示了一条农谚：

立春天渐暖，雨水送肥忙。

雨水时节，最适合给农作物施肥，给农作物除草。

在修改中学习细致观察、准确表达

上周五,我拿到李老师送来的学生习作《立春》。

利用双休日读这些习作,总的来讲,有好有坏,阅读后心情并不轻松。

首先,一些孩子虽然上交了习作,但是很明显,他们并没有在2月4日这天进行细致的观察。从这些孩子的习作来看,换作其他日子也是可以的,甚至换成一年中的所有日子都可以。我把这种现象叫作"假作文",其目的是完成老师布置的任务,对学生学习来说,并无本质提高。当然,这个问题目前普遍存在,小学有,中学也有。对这些孩子来说,这样的写作是在走歧路,能不能纠偏,甚至有突破,需要回到作文的本质上来,需要跟班主任李老师沟通,进一步探索,作为专题来研究。

其次,语言表达、卷面书写有问题。一些作文,虽然篇幅不短,内容也真实具体,但错别字、病句多,标点符号也随意。当然,作为一次寒假作业,暴露出这些问题不足为怪。

读完这50篇习作,我才蓦然发现,我对孩子们的了解还是不够。从9月到现在,已是第7次上课,早晨进教室,孩子们都很开心,结束后下楼梯碰到几个跑上来的孩子,见到我都是笑眯眯地喊"老师好"。但是,对作文,尤其是这种偏自由的、需要花工夫的写作,孩子们都觉得并不容易。作为老师,我承认,自己过于乐观,对学生作文学习的基础,课外观察探索的兴趣,都估计不足。

我马上开启了反思模式:

一月份的节气课适逢休业式,只有半小时左右,匆匆又匆匆,对如何持续关注一样事物,观察、拍摄、写作的要求没有讲清楚,老师提供的具体支持也不够。

立春是二十四节气之首,学生此时正在过寒假,已经休息了近半个月,此时的他们多数不在学习状态,一些孩子可能会错过或忘记。等老师要收作业时,才想起来。

于是,我又开启了再备课模式:调整这次节气语文课的教学目的与教学内容。

调整之一：变"高大上"为"小清新"。本来预设的教学重点：材料的具体以及题目的概括，使之生动。这是符合语文课程标准对四年级学生的习作要求的。但从学生现在的习作来看，多数还不适合学习这样的内容，需要老师慢下来。

调整之二：变"学习欣赏"为"修改完善"。我原计划是想先用自己的"下水文"做一个例子，供学生"解剖"学习有关知识。然而这样一来，过于突出教师的行为，而且读习作看照片，都要花不少时间，此其一。其二，虽然我写的也是身边的事物，但是在语言文字的使用上，包括字数以及遣词造句等，都超越了学生的实际水平，多数学生很难"跳一跳摘到桃"。因此，我决定把"下水文"放到后面去，有时间多读一点，没有时间就快速"放映"，只要让学生感受到老师也在参与，也在观察、思考、写作即可。

于是，这次节气语文课的重点就变成了修改。

修改的目的有二：一是提高学生的语言表达与修改能力；二是通过修改，让学生领悟：写好作文，需要正确的态度和正确的方法。

这样一来，原先的欣赏学生优秀习作，包括教师"下水文"都放到了下面这个环节。

我挑选了学生习作，把片段拍下来，做在 PPT 里，跟孩子们一起修改。

我请学生看"我们家"这段话。学生默读了一分钟，没有人举手。鼓励后，有几个学生举手。

男生说有错别字，请他找一找，他找出了一个："己"应该是"已"。其他同学帮助，又找到了另两个生造的错别字，正确的应该是"躲""凑"。

再请学生继续找毛病。一个女生站起来，说"小姑娘"后面的标点符号应该是句号。老师鼓励后，请大家继续找有没有用错的标点，学生又发现"一棵小树"后应该用句号。

找出了三个错别字，两个用错的标点，真不错！虽然费时不少，考虑到这些问题普遍存在（如其他孩子作文中的"一天之际在于晨，一年之计在于春"，再如"雪呼呼地刮着"……也都是可以改出来的），显然，带孩子们修改的价值不只在这里，而是对其他学生形成启发和勉励。

那么，这一自然段在语言表达上有没有问题？

学生在思考。

一个学生举手，说"我们家门前有一棵小树"，这棵树叫什么名字呢？应该写出来。真好。问小作者，不知。我问，这种情况下，你觉得有什么好办法解决？有孩子说，可以问问身边的人。

我说，对啊，你们不是还拍照了吗？如果把照片传上网络，请教一下，很快就会有人解答的。

观察大自然，不知其名，这对小学生来说，很正常。其实，对身边的世界，我们成人如不用心，多数花草树木也是叫不出名字的。

我追问，这句话还有问题吗？学生愣住了。我继续追问，有些学生开始斟酌，终于有学生说，"我们家门前"可以改成"我家门前"，这个"们"不加也没有问题。

我肯定孩子的回答，让大家鼓掌。我说，汉语追求简洁凝练，可有可无的字词句应尽量删去。

这时，有学生提出最后一句有问题："我凑过去闻了一下，一阵清香"，语句不完整。怎么改呢？一位学生说："我凑过去闻了一下，一阵清香扑面而来。"

我继续启发，这样虽然语句是对的，但不够连贯。大家注意，我一边读"我凑过去闻了一下"一边做出闻的动作，并吸气，发出舒适的叹息。"怎么说，语句就

69

连贯、自然了?"有学生脱口而出,"我凑过去闻了一下,啊!好香!"

非常好,这才是与当时语境相匹配的语言。

我进一步说:"其实,最后一句显得啰唆了。""我凑过去闻了一下,啊!好香!"和"一阵风吹来,更加浓的香味传到我的鼻子里"这两句话一个意思,说的都是花很香,用其中一个就够了。

其实,这一自然段最大的问题在对花的样子的描写。学生修改时,有的把"有的花开了一半"改成"有的只开了两三片花瓣",这当然是可以的。其他问题就找不出来了。

我进行了一番讲解,一朵花藏在其他花后面,跟花全开未开没有关系,所以,这里"还有的"是不需要的。只要用一个词就可以了,即"瞧,有的花藏在其他花后面,像一个害羞的姑娘"。

接下去,我们又解决了两个问题,第一个问题出在衔接上,应该先写含苞,最后写全开,这样可以跟"有的花藏……"连得更紧。

第二个问题:第 2 句"树上有黄色的小花,像星星一样"跟第 3 句"有的花还含苞未放……"连不起来。当我说出这个问题时,学生都有点不敢相信,也许,他们在想:就一段话,乍看还蛮好,怎么竟有这么多问题?怎么改呢?我说实话:"老师也没有想出来。"

这本是真话的"示弱",换来了什么?一个女生突然举手,"老师,加一句'站在家门口望去'不就可以了?"我恍然大悟,对啊,远看像星星,近看才会发现花的不同样子。生活中本来就是这样观察的。

不要说学生,就连我自己,也觉得有些不可思议,这段话竟被我们一起改出了 12 个毛病。

改之前,这段话是这样的:

我们家门前有一棵树,树上有黄色的小花,像星星一样。有的已(原文是错别字)经全开了,有的只开了一半,有的还没有开,还有的花躲(原文是错别字)在另一朵后面,像一个个害羞的姑娘,我凑(原文是错别字)过去闻了一下,一阵清香,突然,一阵风吹来,更加浓的香味传到我的鼻子里。

大家一起修改后的文字:

我家门前有一棵蜡梅。站在家门后望去,树上满是黄色的小花,像星星一样。有的含苞欲放,有的只开了两三片花瓣,还有的全开了。瞧,这一朵藏在另一朵后面,多像含羞的小姑娘。一阵清风吹来,香味扑面而来,真是沁人心脾!

接下去,我就放手,让学生修改另一篇学生习作的最后一节:独立思考再交流。

改之前的末段:

金金你长大以后我会一直陪你玩,真期待你长大以后的样子。

经交流,改之后的末段:

金金,我会一直陪你玩,陪你慢慢长大,真期待你长大以后的样子!

习作片段的修改,我们用去了 20 分钟的时间。

也许你会问我,有这必要吗?

我的回答是,有必要,而且必须。

学习上,学生越感到困难,越需要老师的帮助;而越是大家都感到困难的事情,就越要大家合作学习。合作的过程,就是学生跨越最近发展区,真正获得提高的过程。

因此,像上述修改过程,多多益善。

向同学学习做好一件事

这次习作,也有好作文,有的作文,整体上看一般,但是有亮点。用这些作文较好的孩子做榜样,表扬他们,可以一举两得:既激励了这些孩子,又可以教育其他孩子。

对小学生作文,我始终有一种观点,那就是:呵护、培养好的行为比教授一两个知识点更重要,也更有效。

行为属于过程性学习指标,学习方式是跟着做。

我首先出示了一名同学的习作片段,请学生默读。

这一片段,看笔迹,应该是一个男生。语病不少,但是这个孩子的长处是观察特别细致,立春的石榴树光秃秃的,没什么看头。但是,他竟然发现"在枝条中间的一个个节上,极其细小的萌芽已经冒出来了"。

一个"冒"字,准确、生动,写出了嫩芽的生命力,更能看出这个孩子用词跟别人的不一样。一篇习作,通过仔细观察,能有一两个句子写出了自己独特的发现与感受，就应该表扬。

当然，"萌芽"这个词用得不恰当，应该修改，可以换成"嫩芽"。

限于时间，这些都由老师讲了。在学生看来，这篇习作当属一般，老师"出手"表扬，发掘其间的亮点，往往会起到更大的激励作用。

接着，我出示了两名同学的习作。一名同学写了家中的四棵风信子，在一篇习作中同时描写四棵风信子，写出了不同，源于这孩子细致入微的观察。这个学生喜欢作文，在课堂上也表现得越来越好。

最后表扬的是一个姓储的孩子。立春这天，她跟着妈妈去了单位，关注了单位旁边的一块菜地。她选择的观察对象有新意。用一块菜地来写文章，可以看出这孩子善于发现周围的世界，热爱身边的一切。更要表扬的是，她还附了图片，这是一张莴笋的照片。孩子的作文也写得认真，我郑重地推出了这名同学的习作，表扬她视角独特，习作一丝不苟。

作文的乐趣,不仅在于表达自己的情感,还在于可以不断地发现自己熟悉的世界。比如:2012年2月初,我就发现了翠鸟。这是我当时记下的文字:

中午的池塘,似乎微微地动着,像醒来的样子。冬天后,池塘里的鱼再没有露过面。今天一位老人在钓鱼。真替那些鱼担心,阿姨们说过这里的鱼已经近半年没有喂过了。果不其然,凑过去,看到红水桶里有4尾鲫鱼,都小小的。那些大鱼会上钩吗?

目送小鱼,却无能为力。

想起翠鸟,爱吃小鱼的鸟已经来过,是2月8日的下午吧,2点半左右,滂沱大雨,我出办公室,无意间看到楼下池塘,一个小小的绿色身影,蹲在池边石阶上,一动不动。它一定饿了,否则,何以不惧大雨呢?

与其被人钓走,不如给翠鸟吃了。

我出了一道题,请孩子们思考、交流:写好作文,靠(   )。

学生的答案丰富多彩:

写好作文靠观察。

写好作文靠体验。

写好作文靠修改。

写好作文靠多问。

让我最兴奋的答案是学生意识到了"体验"的重要,也开始意识到习作需要"问"。

跟学生交流,老师也在写作文

2月4日,我关注了自家的小院,拍照,写作。

时间不多了,给学生看了下面这两张做进PPT里的照片,补充了一句:花瓣上有一只小甲虫,注意看哦。我把这盆水仙从楼上搬到楼下,拍完照又搬回去,小家伙竟然一动不动。

教室里,孩子们马上哗然一片。生活中的东西,本来寻常,一旦停留就有了趣味，也可以审美。这也是我上节气语文课希望影响到孩子们的。

以下是我的习作《走进我们家的小院子》，留在 PPT 里，李老师有空了，可以让学生读读。

比起前几天，今天已经够温暖了，虽然天还阴着。

我家的小院不到 10 平方米，人称"迷你院落"。木栅栏、木地板，还有一扇小门，栅栏与木板间留着 40 厘米宽 3 米长的一片土壤。

整个冬季，几丛月季就一直这样，有的没有一片叶子，有的还留着一些，露出不少细刺。隔壁家才十几个月大的小弟弟，刚会说话时，走到这里，竟然会说两个字：一个是"花"，一个是"刺"，一边说，一边指着月季，身子后退，做出害怕的样子，十分可爱。

另一边的蔷薇居然开着花。让人想起一位作家的一部作品：一半是海水一半是火焰。一月底的寒潮来临之前，蔷薇生机勃勃，红花朵朵。有一次，我正在浇水，两个脸蛋红彤彤的小学女生走过，一个问另一个，这花是真的吗？另一个不敢轻易下结论，就走到栅栏边，凑近，闻了闻："真的！"她的脸上满是惊喜！

寒潮后，花不再盛开。本有几朵含苞欲放的，或稍稍打开了一点窗户的，现在都缩紧了身子，恐怕是在犹豫吧：开，再降温怎么办；不开，这一季就要错过了。

仔细看叶子，也不同。老叶子一色碧绿。略小些的是去年新生的，叶子显得嫩一点，而叶子边缘的锯齿还看得出是红色的。栅栏外、邮箱下，有两株蔷薇，都不肯受栅栏的约束，探出身子，头上顶着红色的花苞。每天上午，还有傍晚，"拖拖拖"，邮递员都会开着摩托车过来，把报纸塞进邮箱，让花香与墨香做伴。

跟蔷薇做伴的，是一盆山茶。这盆山茶前年从老家掘来，没有水土不服，每年安安静静地开花。今年前半个冬天说是暖冬，山茶跟蔷薇一样开得不亦乐乎，你呼我应，好像比赛似的。天冷了，未开的花也冻烂了，几个花苞倒是鼓鼓的，只等春风来唤醒。

花开得最好的是水仙。养在青花白瓷盆里，亭亭玉立。绿色的叶，白色的花，淡淡的香。三枝花茎上开满了水仙，都是六片花瓣，酒盅一般的花蕊。还有四枝花茎含苞待放。

没想到花茎上、花朵边还栖息着一只小虫子，我叫不出名字来。一厘米长，浑身灰褐色，一对触角，三对脚，前面的四只脚细而短，后面的一对脚长而粗。三角形的头，两个底角处好像是一对小眼睛。后背分了两部分：先是一个梯形，后面的身子像小小的袜底酥。花是养在书房里的，我从楼上搬出来，拍完照，我又搬回去，小家伙竟然还在花茎上。

一边的窗台上，搁着几盆植物，有栀子花，有菊花。栀子花四季常青，菊花已经开过，修剪过了，却迫不及待地从根部冒出了许多新叶，许是在迎接春天的到来吧。

两盆吊兰苍翠欲滴，这是入冬前后搬进家里的。狭长的花坛里曾经有两丛茂密的吊兰，叶子粗壮，抽出的花茎跑到了栅栏外。可惜受不了寒潮，冰雪融化，地里的吊兰溃不成军。

小院里还有一只缸，缸里是睡莲。现在的莲花真是睡着了，有几片叶子沉在水中央，贴着淤泥的隐约可见嫩芽，绿中带红的莲叶，像五月的小荷。水也是澄澈的，虽然小，但映着天光。

缸边守着一条狗，一只鸭。我们一家三口，两人教书，一人读书，都像大忙人，所以就网购了石头的狗和鸭。去年刚刚摆在小院子里,保安例行巡查,有的走着走着,突然看见了什么,停下来,指着这里:"鸭子!"现在城市里不许养鸡养鸭,保安变得很敏感。另一个保安一愣,看了,笑话那个保安,假的。

不过,这两个小动物真是栩栩如生。小狗可爱,大鸭笨拙。特别是小狗,一双黑溜溜的眼睛,怎么看都是很受委屈的样子。好像前世是人,突然被哪位大仙变成了不能动的小狗,只能等下辈子再做人了。

前几天,雪落下来,小院子白白的一片,很美。

孩子,你准备怎样介绍春分

孩子,你对春分了解多少

小区外的高地上,油菜花开,犹如金色的海洋,空气里弥漫着甜甜的香味。

到处美不胜收,哪怕一个小小的角落,也会有不知名的花在悄悄开放。

这段时间,你来江南,你来松江,除了一个"美"字,你似乎找不到其他的词语来形容了。

这堂课前,我一直在考虑教些什么。

一次次备课,一次次反思:前面学了什么,学得怎样,还要学什么,怎么学效果更好。

二十四节气语文课,重点有二:一是增进孩子对传统文化的了解;二是帮助孩子提高读写能力。

以上二者不是各自为政,而是合二为一。有了了解,有了认知,有了兴趣,甚至生出一点情感,学生才愿意写,也才写得出具体、明确、文从字顺的好作文。

回顾以前的节气课,前一块内容似乎是老师教的多,学生自然是以接受学习为主。这样的学习,对后面的写作虽然有用,但于多数孩子而言,显得被动、机械。

客观上,我们能够找出很多理由来为这样的教学解释,比如:学生没有这方面的学习资源,现在学生学习很忙,读书氛围不够……

我们还可以为自己找出很多理由,比如:这样教已经很累了,课前要做多少准备;何况,上课只有35分钟,既要学生写,还要学生学。不这样教,能完成教学任务吗?

思虑再三,我还是决定:这堂课要变一变了。

怎么变?教师不讲,让孩子来讲。

出示图片,读"春分"。这是前鼻音的"分",对我们这里的孩子来说,一不小心就会读错,读成后鼻音就是"春风"了。

我问孩子:"春分,一个很美的节气,你对它有什么了解呢?"

一个男生说:"春分,太阳到达黄经0°。"

一个女生说:"春分后气候转暖。"

我在黑板上添了一个箭头,板书:天气。

出示PPT,让孩子们进一步了解:

春分,是春季九十天的中分点,二十四节气之一。每年公历3月20日左右,太阳位于黄经0°。春分这一天太阳直射地球赤道,南北半球季节相反,北半球是春分,在南半球来说就是秋分。春分是伊朗、土耳其、阿富汗、乌兹别克斯坦等国的新年,这一传统有着3000年的历史。

春分也是节日和祭祀庆典,古代帝王有春天祭日、秋天祭月的礼制。周礼天子日坛祭日。《礼记》:"祭日于坛。"孔颖达疏:"谓春分也。"清潘荣陛《帝京岁时纪胜》："春分祭日,秋分祭月,乃国之大典,士民不得擅祀。"

学生接着交流,巧的是,他们说的都是花,这时候的松江与其说是茸城,不如说是"花城"——

一个女生说:"春分前后,谷阳北路上,我住的小区门口梅花开了。"

又一个学生说:"我们小区里的玉兰花开得很好。"

这时,我看到了一个男生高高地举手:"我家楼下有一棵梨树,开得好美,风吹来,梨花就像雪一样落下来。"

这个坐在第一排的男生,给我的印象是发言踊跃,但常常不完整。这次话语如此之美,实在出乎我的意料。或可解释,时间长了,同学间互相影响,彼此学习,男生的话语也变美了。

我顺势小结:"大家了解的都是植物。这个时候,松江姹紫嫣红,美不胜收。"我又在黑板上添了一个箭头,写上"植物"二字。

既然学生说到了梅花和玉兰,也有一些自己拍摄的图片,我就展示PPT,跟学生做一次较为深入的交流——

这是我前不久拍摄的松江昆秀湖的梅花。梅花是有中国特色的花卉,与松、竹合称"岁寒三友",又与菊、竹、兰并称花中"四君子"。古人曾说梅具四德:初生蕊为元,开花为亨,结子为利,成熟为贞。最有名的诗句莫过于王冕的"不要人夸颜色好,只留清气满乾坤"了。

说到梅花,我就想起老家苏州的香雪海。清朝时,康熙皇帝曾三次光临此地,乾隆皇帝则先后六次来此探梅赏花,都留有诗文赞美。当地百姓也有探梅的习俗,每当梅花盛开之时,他们吃梅花糕,喝梅花粥,上山在梅树上系有"喜上眉梢""一帆风顺"等吉祥语的红丝带,表达心中美好的愿望。《红楼梦》的作者曹雪芹,祖上一直在苏州为官,他对邓尉山的梅花也是喜爱有加。在《红楼梦》里曾多次提到邓尉山的梅花,第四十一回中林黛玉、贾宝玉和妙玉一起品茶时,妙玉就说她用来沏茶的水就是邓尉山梅花花蕊上的雪,所以格外清香。

　　下面是我拍摄的玉兰。我说:"孩子们,我们学校门口的中山路上有许多高大的白玉兰树。白玉兰名副其实:花色洁白,花瓣如玉,花香似兰。它可是我们上海市的市花。近一个月来,我们小区里三种不同颜色的玉兰次第开放,先是白玉兰,后是紫玉兰,现在是黄玉兰。请大家看第一幅照片,紫玉兰上,鸟妈妈把巢搭在树顶。好用心的鸟妈妈!"

　　孩子们听到这里,开心地笑了。

紫玉兰

黄玉兰

　　当然,春分前后,我们这里还有很多花在开放,这两天到处可见樱花与垂丝海棠。

樱花

垂丝海棠

孩子，你还想了解什么

对于春分，孩子还有什么想问的吗？一定有。现在，把机会留给孩子。

几个学生举手。

一人问："这时候农民伯伯要干什么？"

我又板书了"农活"二字。节气主要关乎农事，慢慢地，我们的孩子已经懂得关心农事了，土地、农民成为这个班孩子关注的焦点之一。

请学生读两句农谚：

春分麦起身，一刻值千金。

春分种麻种豆，秋分种麦种蒜。

学生豁然，此时可以种麻种豆。再读下面这段话：

"二月惊蛰又春分，种树施肥耕地深。"春分也是植树造林的极好时机，古诗就有"夜半饭牛呼妇起，明朝种树是春分"之句。

学生明白，春分前后要植树造林。

第二个学生问："春分都有哪些习俗？"

一个学生抢答："竖鸡蛋。"

昨天，我特意购买了一盒新鲜鸡蛋。课前，学生就兴奋不已，都停下了手上的作业围过来。

在我的许可下，几个胆大的孩子拿出鸡蛋，试着竖一竖，可惜，都没有成功。现在学生问到习俗，我就举起这盒鸡蛋，学生惊呼："竖蛋！竖蛋！"

我们一起来玩一玩。

作文课上玩游戏，学生最开心了！

"呼啦"一下，学生几乎全举手了。只能每组选一个，两男两女，绝对男女平等。不过，选男生有点不同，这次挑的是平时几乎不发言的。一个瘦小些，另一个高大些。

每人5秒钟，第一组不成功，学生一声叹息。第二组，女生摆，还是不成功，满

教室都是叹息声，已经有很多学生离开座位，到了过道里。

语文课不怕闹，此时，每个孩子都变得特别专注，专注于鸡蛋，专注于台上同学的每一个动作。此时，不为谁，也不为什么，孩子就是开心。

知道吗？4000多年前，我们的先民就用这种方法迎接春天的到来，他们的心情，是不是跟今天孩子的心情一样呢？

情感，体验，经历。走近二十四节气，穿越时空的距离，去想象我们的先人，感受他们如何经历苦痛，解决困难，分享欢乐。如是，我觉得这样的语文课有它特别的意义。

第三组是男生，人高大，皮肤也黑一点，看得出来，好运动，有力气，但我没想到他做事竟然这么细心，弓着身子，低着头，专心摆着鸡蛋，动作很轻。那蛋在餐巾纸上，似乎停留了一秒，却还是倒下了。

"有戏，"我说，"再给你一次机会。"

台上台下的孩子也都感到有希望，更多人围上来。

这一次，男生依然不紧不慢，鸡蛋依然好像摆稳了，可停留了一秒，还是倒了。

等会儿再来。先第四组的女生，没有成功。

回到第三组的男生。我说："我觉得你能行，再给你一次机会。"

奇迹发生了。两秒钟后，鸡蛋稳稳地站在了桌子上。

教室里掌声雷动。

我请男孩介绍经验。男孩说了两条：一是轻轻地摆鸡蛋；二是选择鸡蛋表面相对平稳的地方。

春分还有什么习俗吗？我出示 PPT——

第一个是踏青放风筝，学生眼睛亮了。

他们一定是在想：放风筝怎么也是呢？

"当然是啊，"我说，"你们不知不觉就把我们中国的风俗传下来了，这就是文化的力量。"

还有簪花，摘一朵漂亮的鲜花，插在头发里，多美！

还有摘野菜。很多孩子举手，都说摘过野菜。哪些野菜呢？学生竟然说出了三种：荠菜、马兰头和金花头。我请三个学生上台写出野菜名。学生不容易，竟然都知道野菜名。

"对春分，你们还有什么问题吗？"

学生说没有了。

我说："我们中国人对节气情有独钟，古人在节气前后，往往会写诗，抒发内心情感。"我添了一个箭头，板书：写诗。

然后出示垂柳图——

学生马上想到贺知章的《咏柳》，学生齐诵：

碧玉妆成一树高，

万条垂下绿丝绦。

不知细叶谁裁出？

二月春风似剪刀。

　　还有著名的写于春分时节的《汉乐府·长歌行》。时间紧，诗歌较长，我来读。我特意出示了网上下载的一幅书法作品，辅之以诗歌：

长　歌　行

青青园中葵，朝露待日晞。

阳春布德泽，万物生光辉。

常恐秋节至，焜黄华叶衰。

百川东到海，何时复西归？

少壮不努力，老大徒伤悲。

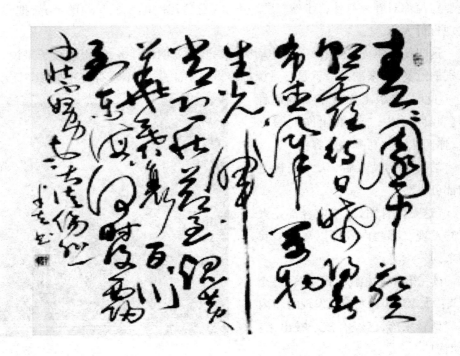

什么意思呢？园中的葵菜郁郁葱葱，晶莹的朝露在阳光下飞升。春天把希望洒满了大地，万物都呈现出一派繁荣。常恐那肃杀的秋天来到，树叶儿黄落百草也凋零。百川奔腾着东流到大海，何时才能重新返回西境？少年人如果不及时努力，到老来只能是悔恨一生。

美丽的春光需要欣赏，美好的春天需要珍惜，让学生感受即可，听读即可。

孩子，你准备怎样介绍春分

这节课刚开始时，我就用一个任务来"刺激"孩子们：节气，大家已经不陌生了，但是问问身边的人，很多不知道 3 月 20 日是春分，更不要说知道春分有哪些习俗，这时候的农村里都要忙些什么了。所以，谈老师请大家写一篇小作文，来介绍一下春分。从哪些方面介绍呢？请大家看黑板（课前老师板书：了解、发现）。既要写写你对春分有什么了解，还要留心春分这段时间我们身边的世界，把你的发现告诉大家。

这叫任务驱动，这叫激发写作动机。一开始就明确任务，对很多孩子来说，有特别的意义，带来的效果就是整堂课都容易集中注意力，不管听讲还是参与活动。

此时，黑板上出现了一幅鱼骨图。我问学生："如果让你们写春分，你们认为要写哪些内容？"

学生们七嘴八舌，认为黑板上的都可以写。

"这是鱼骨图，每项内容都是大家的发现。哪些内容可以写呢？我们来读一读。"

读完第 5 项"植物"，我又添了一个箭头："大家还可以写自己发现的新内容。"话音未落，已经有孩子喊出来："动物！"

真好！我在问号下写了"动物"一词。

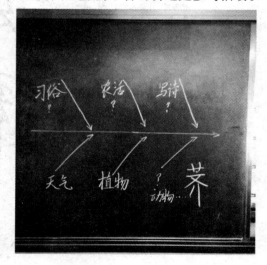

"写这篇介绍文章时,你还有什么疑惑吗?"

等了一会儿,没有学生举手。

换个角度,我问孩子在写作时有没有建议或好办法。

果然有学生举手。一位学生说:"可以选择在春分这天到公园去,从看到的植物写起。"好建议!另一位学生补充道:"关于春分的习俗等常识,可以通过对话聊天说出来。"真是聪明。

你看,整堂课,我尽量让自己退出来,尽量"隐身",而不是不问需求地讲、讲、讲。尽管如此,学生是不是也可以读懂很多,学会很多呢?

虽然这堂课没有动笔,但是可以期待,学生写出的"春分",一定不会是我读初中时认识的说明文,应该更形象、更生动、更有趣。当然,也有别人不知道的关于春分的秘密。

9 人间四月，万物崭新而从容

万物崭新而从容

四月，江南，草长莺飞，一早步行去中山小学。

雨后，空气清新，路边杜鹃开得正好。红花继木、红叶李都已结束了花期。中山路是松江的十里长街，街边遍植花草树木，香樟魁伟，玉兰秀美，杜鹃、桂花点缀其间，车水马龙中，有花香有鸟鸣。

2006 年到 2008 年，我每天带着儿子，骑着电瓶车，穿越这条路，去桥下的中山小学上班。除了初春那高高开放的硕大的玉兰，洁白、明亮，如同一盏盏灯，不由你不多看两眼，其他的都在匆匆又匆匆间未加留心。

现在，孩子读高中了，早出晚归，有一点自己的时间，去关注身边的世界。

四月的世界，正如一个人的孩童时代。

跟以前不同的是，这次的节气语文课，两个节气放一起交流。

跟学生聊，说说自己眼中的谷雨——

学生："最近一直下雨，雨很多。"

是啊，谷雨这个节气还真是跟雨有缘啊。

第二个学生起来交流："最近就要种稻了。"

哦，这个孩子竟知道早稻播种了。我追问他是怎么知道的，孩子说："星期天，爸爸跟别人说话，被我听到了，就记住了。"

多会学习的孩子！表扬她，希望有更多的孩子做生活的有心人！

说到这里，我突然想起，这时候有种鸟，整天在叫"布谷布谷，布谷布谷"，它就是布谷鸟，它在干嘛呢？农民伯伯喜欢它，因为每天它都催着人们"布谷布谷"。在春天播种，才会在秋天收获。

说完了眼中的谷雨，接着聊心中的清明。我把"心中"二字做了强调。

起来发言的是一个女生，她说："清明这一天，我们一家团聚在一起，吃着青团子，感觉很温馨。"

二十四节气中，唯有清明既是节气，又是节日。作为节日，清明在中国老百姓的心中有着很重的分量。比如：我们年年清明，不管车多么拥挤，也不管雨多么大，都要开车回去，给两家去世的老人扫墓。

第二个发言的还是一个女生："清明节，爸爸妈妈带着我去中央公园踏青，花红柳绿，这是一个美好的节气。"

第三个交流的是一个男生，平时不大举手，今天他大胆地站起来，说出的是与清明相匹配的情感："清明时，我们全家去祭拜祖先，心中十分悲伤。"

春天是萌芽的时节，也是生长的季节。这样的季节去释放悲伤，去缅怀先人，显然要比秋天、冬天好很多。

人间四月，万物生长，万物清洁而明净。

语文课好像不该教孩子这些自然常识，至少，不能满足于只教其名。但是，如果孩子不知道身边的这些植物朋友，他们又如何去思考，如何去表达？所以，学习语文与认识事物相结合，应当是语文教学的原则，我极为赞成。

我们的孩子，现在就要认识身边的一些花草树木，要求高吗？如果不高，那么，无论大环境，还是小气候，都在鼓励编制课程。当我们忙着研制一门门拓展课程、探究课程时，是不是应该有更多的老师、更多的专家，能够蹲下身来，能够考虑身边的世界，带着孩子到自然世界里去学习？

苏霍姆林斯基不就是这样的吗？

以下是我拍的这个时节的花花草草。

最后一张麦子图,有的孩子说是草,有的说是其他植物,而断定是麦子的孩子,是因为他发现了麦芒。

会观察,才聪明。

最后出示的是这样一张图片:

有的学生马上叫起来,说去过。

他们认出来了,这是醉白池公园的名花。第一排坐着的一个男生看到了名牌:牡丹。

"谷雨三朝赏牡丹。"牡丹,花中之王,雍容华贵,可惜开也匆匆,败也匆匆。醉白池的牡丹每年4月中旬开,不过十天半月就凋谢了。所以,我补充了牡丹的照片:

上海醉白池公园里的牡丹已经有几百年历史,相传这株牡丹植于清嘉庆年间。大书法家董其昌也曾在这里种植牡丹。

松江是上海之根,历史上出过很多名人,东晋时的陆机,还有明朝时的董其昌,都是历史上的大书法家。陆机的《平复帖》更是中国现存最早的书法作品。当代松江书家亦甚多,有些还是老师出身,可见这里书法根基的深厚。

除了花草,我还出示了小乌龟图以及燕子图,告诉孩子们:燕子到上海一般在清明节前后。此时,农民伯伯开始一年的劳作,请学生看两条农谚:

清明前后,种瓜种豆。

谷雨不种花,心头像蟹爬。

第二条是我特意选择的。我把自己的体会告诉孩子:农民伯伯当然关心粮食,饿肚子是天大的事情。解决了温饱问题,他们才关心种花,有时间了才看看花,多美。我们的祖先,有审美的需要啊!

会"玩"，会生活才学得好语文

学生交流完感受后，我也谈了自己的感受，两句话：

第一句是"清明和《清明》，永在中国人心中"，第二句是"谷雨：万物崭新而从容"。

学生读完，品味前后两个"清明"有何不同。一个学生说，后一个有书名号。第二个学生说："后面的是一本书的名字，也可以是诗歌的名字。"

不错！

出示杜牧的《清明》，不用我指挥，学生开始齐诵。

清　明

杜　牧

清明时节雨纷纷，

路上行人欲断魂。

借问酒家何处有，

牧童遥指杏花村。

清明节这天细雨纷纷，路上远行的人好像断魂一样迷乱凄凉。问一声牧童哪里才有酒家，他指了指远处的杏花村。

这自然是好诗！

我说，古今文人很会生活，用不同的句读，把这首诗改写了。请看第一种：

清明时节雨，

纷纷路上行人，

欲断魂。

借问酒家何处？

有牧童遥指，

杏花村。

请学生朗读,学生读完感觉巧妙。一位学生说,把"纷纷"放到下面一句,行人多,去扫墓的人也多。要是春雨绵绵,人们都愿意待在家里,路上就不会"行人纷纷"了。这样一改动,诗似乎更有味道了。

有人说,欲断魂,这几个字单独成句,读起来,有种特别伤心的感觉。

学生继续说,"有"搬下来了,也通顺,真是神奇。最后的"杏花村"也是单独成句,好像是牧童边指路边说:"喏,杏花村!"

读一读,味道不错。

我说,也有人这样改动,这样改动《清明》成了什么呢?

时间:清明时节

天气:雨纷纷

地点:路上

行人:(欲断魂)借问酒家何处有?

牧童:(遥指)杏花村。

学生马上发现古诗成了剧本。读一读,请一个女生说说自己的发现。女生笑眯眯的,一下子说了好几个发现:原来的诗句变成了时间、地点与人物,"欲断魂""遥指"成了剧本中的提示语,更妙的是,"借问酒家何处有"等诗句还变成了人物台词。

妙不可言!

还有更好玩的。

我出示了一个字:觞。

带学生读准字音。

看了图,学生知道了觞,觞是什么呢?觞,古代盛酒的器具,也就是酒杯。通常为木制,小而体轻,底部有托,可浮于水中。也有陶制的,两边有耳,又称"羽觞"。

学生看着图片,好奇我要说什么。

我继续出示图片：

学生读"水曲觞流"，感觉不对，马上读成"流觞曲水"。

什么意思？

一个女生说："酒杯放到小溪里随着流水漂。"

说得正确。我继续启发：联系"流"与"曲"，你们还有什么新的认识？

一个男生站起来："酒杯里放了水，在小溪里漂。"

我说："酒杯里一定是酒。"

这时，刚才发言的女生补充道："放着酒的觞，随着弯曲的小溪流淌，漂到谁那里，谁就喝酒。"

此处应该有掌声。

接着让学生看一幅图，画的就是这四个字：流觞曲水。

对"流觞曲水"，我稍加解释，这是我国古代民间流传的一种游戏，一般在每

年的"三月三"这一天玩。

接着讲述王羲之的故事。我在板书时,竟有孩子知道王羲之。

永和九年,三月初三,王羲之召集了谢安、孙绰等42位亲朋好友,在兰亭举行修禊祭祀仪式后,来到兰亭清溪旁,大家席地而坐,然后将盛了酒的觞放入溪中,由上游随水流徐徐而下。经过弯弯曲曲的溪流,觞在谁的面前打转或停下,谁就得赋诗,写不出诗就喝掉觞中的酒。活动无比热闹,成果显著:11人各成诗两首,15人成诗一首。当然,剩下的16人作不出诗,每人罚酒三杯。事后,王羲之将大家的诗集起来,用蚕茧纸、鼠须笔挥毫作序,写下了举世闻名的《兰亭集序》,这时也有孩子在我说之前插话:《兰亭序》。

这就是后人赞誉的"天下第一行书"。王羲之也因此被人尊为"书圣"。我展示了王羲之的这一书法作品——

为了让大家看清楚,又出示了书法作品的局部:

然后出示《兰亭集序》片段，师生一起诵读：

……此地有崇山峻岭，茂林修竹，又有清流激湍，映带左右，引以为流觞曲水，列坐其次，虽无丝竹管弦之盛，一觞一咏，亦足以畅叙幽情。……

读着读着，我突然想到前面的牡丹、董其昌。备课时没有意识到王羲之与董其昌"巧遇"，此刻，我突然醒悟过来。

是节气，在冥冥之中让两位大师"相聚"在此时此地。我突然有一种浑身颤抖的感觉。当然，我没有告诉孩子。

品味中国故事

每一次备课都是一次诱人的体验：有时是苦思冥想，有时是突然领悟，有时会有灵光一闪的感觉。

这次把两个节气放在一起，然后又请李老师安排两个学生分别讲述《寒食节》与《谷雨来历》的故事，大概就是灵感的助力了。

李老师请两个女生做了准备。

以下是孩子讲述的故事——

寒 食 节

相传春秋战国时期，晋献公的妃子骊姬为了让自己的儿子奚齐继位，就设毒计谋害太子申生，申生被逼自杀。申生的弟弟重耳为了躲避祸害，流亡出走。在流亡期间，重耳受尽了屈辱。原来跟着他一道出走的臣子大多各奔出路去了。只剩下几个忠心耿耿的人，一直追随着他。其中一人叫介子推。有一次，重耳饿晕了。介子推为了救重耳，从自己腿上割下了一块肉，用火烤熟了送给重耳吃。十九年后，重耳回国做了君主，就是著名的春秋五霸之一——晋文公。

晋文公做了国君后，对那些和他同甘共苦的臣子大加封赏，唯独忘了介子推。有人在晋文公面前为介子推叫屈。晋文公猛然忆起旧事，心中有愧，马上差人去请介子推上朝受赏封官。可是，差人去了几趟，介子推不来。晋文公只好亲自去请。可是，当晋文公来到介子推家时，只见大门紧闭。介子推不愿见他，已经背着老母躲进了绵山。晋文公便让他的御林军进绵山搜索，却仍然没有找到。于是，有人出了个主意说，不如放火烧山，三面点火，留下一面，大火起时介子推会自己出来的。于是，晋文公就下令烧山，哪里料到大火烧了三天三夜，大火熄灭后，介子推还是没有出来。上山一看，介子推母子俩抱着一棵烧焦的大柳树，已经死了。晋文公望着介子推的尸体哭拜一阵，然后安葬遗体，发现介子推用脊梁堵着柳树树洞，洞里好像有什么东西，掏出一看，原来是片衣襟，上面题了一首血诗：

割肉奉君尽丹心，但愿主公常清明。

柳下做鬼终不见，强似伴君作谏臣。

倘若主公心有我，忆我之时常自省。

臣在九泉心无愧，勤政清明复清明。

晋文公将血书藏入袖中，然后把介子推和他的母亲都安葬在那棵烧焦的大柳树下。为了纪念介子推，晋文公下令把绵山改为"介山"，在山上修建祠堂，并把放火烧山的这一天定为寒食节，晓谕全国，每年这天禁燃烟火，只吃寒食。

走时，他伐了一段烧焦的柳木带到宫中，做成双木屐，每天望着它叹道："悲哉足下。""足下"是古人下级对上级或同辈之间相互尊敬的称呼，据说就是来源于此。

第二年，晋文公领着群臣，素服徒步登山祭奠，表示哀悼。走到坟前，只见那棵老柳树死而复活，绿枝千条，随风飘舞。晋文公望着复活的老柳树，像看见了介子推一样。他敬重地走到跟前，珍爱地掐了一根枝条，编了一个圈儿戴在头上。祭扫后，晋文公把复活的老柳树赐名为"清明柳"，又把这天定为清明节。

以后，晋文公常把血书带在身边，作为鞭策自己的座右铭。他勤政清明，励精图治，把国家治理得很好。

另一个女生讲了谷雨的由来——

这"谷雨"二字为什么成了节气名，还得从仓颉造字说起。

开天辟地以后，人类经过了几十万年没有文字的日子。到黄帝时代，朝中出了个能人叫仓颉。他立志要使人间摆脱没有文字的苦难，于是辞官外出，遍访九州后回到家乡杨武村，独自一人住在沟里造字。造了三年，造出一斗油菜籽那么多的字。玉帝听到这件事，大受感动，决定重奖仓颉。奖啥呢？奖了个金人。

那一天晚上，仓颉正在酣睡，忽然听有人喊他："仓颉，快来领奖。"仓颉迷迷糊糊地睁开眼睛，却见满屋子金光耀眼。他不知这是啥缘故，急忙坐起来四下里看。这一看不要紧，却看见地上立着个金人。他心里嘀咕：这是怎么回事，哪儿来的金人？莫非是在做梦？正想着，东邻西舍的公鸡喔喔啼叫，不一会儿天亮了，金人仍稳稳当当地立在地上。他想起梦中听见的喊声，明白了这金人是天上神仙给自己的奖品。又一想，自己只做了应该做的事，不配受这样的奖励。于是，他朝空三拜，算是对神灵的感谢。接着，他叫来全村的小伙子，连抬带推地把金人送到黄帝宫中。黄帝问起金人来历，他只说偶然捡的，并说这是天下之物，理应为天下人共用，自己偶然捡得，不敢占为私有，特来进献。黄帝深知他人格高尚，笑着收受了。可是，过了四五天，正当黄帝和群臣观赏金人时，突然飞来一道霞光，金人不见了。黄帝心里非常难受，却弄不清金人哪儿去了，便派人去给仓颉报信。

话说仓颉正在酣睡，梦中又听到有人大喊："仓颉，玉帝给你奖的金人你不要，你想要啥？"仓颉在梦中说："我想要五谷丰登，让天下的老百姓都有饭吃。"那人又说："好，我去报告玉帝让他把金人收回去，给你送些谷子。"听到这儿，仓颉醒来了，一看窗外，只见繁星满天，知道是在做梦，也就没有多想，又呼呼入睡了。

第二天，天气晴朗，万里无云。仓颉正要出门，却见天空中落下谷粒。那谷粒下得比雨点还密，足足下了半个时辰，地上积了一尺多厚，方才停住。仓颉既奇怪又高兴，急忙跑出门去，只见那谷粒铺遍了整个村子，铺满了山川平地。乡亲们也十分惊异，个个都往家里揽谷子。

这时，仓颉忽然想起梦中的情景，知道是玉帝对自己的奖励，便急忙报告给黄帝。黄帝听到仓颉的报告后，深感仓颉的功劳是应该大力表彰的。于是，他把下谷子雨这一天作为一个节日，叫作谷雨节，命令天下人每年到了这一天都要欢歌狂舞，感谢上天。从此，谷雨节便一直延续下来了。

这是两个传说故事。第一个很有名，第二个平常些。

品味中国故事，我们可以悟到很多。上课前夜，我完成了一个片段，打在PPT上，跟孩子们交流——

中国有很多很多故事。可是，在最好的童年，我没有读过，也没有听过。于是，立春、四大发明等只是概念而已，仓颉、李白等只是文字而已。是的，我记住了许多知识，也背熟了不少诗文，但是，我从不曾发现，其实他们曾经姹紫嫣红，现在也鲜活灿烂；但是，我从不曾感知，其实他们是开始，是源头，也是现在，是未来。

打开门，大道铺陈，路边有绿树，有鸟，有诗和远方。走吧，去看看我们的山河与草木，去听听我们的天籁与故事，去想想我们的先辈与传统。

这是一条回家的路，记着，我们才不会迷失方向，不会丢了明天。

回家，带着孩子一起回到传统文化的家，是我近一年来上节气课的一点感悟。

也请孩子们回家后，写一写从这堂课、从我们的故事中获得的体会。

这是李老师后来发给我的孩子们的文字，摘录如下：

中国有很多童话故事、历史故事，我小时候只听过几篇，我对节气和古典英雄人物几乎零概念。

清明，一个人们怀念去世亲人的节日和节气，人们会在这个节日去爬山和踏青。唐朝著名诗人杜牧还为这个节气写了首诗。说起《清明》这首诗，有些人还把它给"改编"了一下，有把它给改成课本剧的，也有把诗中逗号改到不同地方的。

谷雨，人们应该都会想"谷雨"二字怎么会成为节气名呢？这，还得从仓颉造字说起：能人仓颉给人们造了字，仓颉不肯收玉帝给的金人，说想让老百姓有饭吃。第二天，天上竟然下起了谷子，百姓都急着往家里揽谷子。黄帝知道后，就把那天定为"谷雨节"。这样，"谷雨"这个名字就诞生了。

历史故事还有很多，希望大家以后能多看书，补充知识。

（储 婕）

也说流觞曲水

之前在一本书上见过流觞曲水，也听爸爸简单介绍过，没想到它竟然出自王羲之的《兰亭集序》，更没想到它与清明的饮宴习俗有关。

流觞曲水，觞是古代的一种酒器，曲水就是弯曲的水道。古人每逢农历三月上巳日于弯曲的水渠旁集会，在上游放一些酒杯，随水往前流，流到谁面前，谁就拿起杯子把酒喝掉，叫作流觞。王羲之和友人流觞曲水，并把写的诗编成《兰亭集》，由王羲之作序。《兰亭集序》成为我国书法艺术史上的瑰宝。我国古人太会玩了，太厉害了。

没想到一个成语竟然有这样有趣的故事，蕴含我国的传统文化，也让我感受到了我国古人的了不起。看来，我以后在学习成语时要好好研究一下了。

（徐籽衿）

四月如火，一道伤痕撒上盐，那是伤感。四月是泪，一场下不完的雨都是世间人的泪。伤感，忧愁随之而来——清明，是与之并重的节气。"清明时节雨纷纷，路上行人欲断魂。"墓地里，所有人都在哭泣，有的头戴白花，呜咽着；有的在墓上添上新花，与故人聊天；有的在墓前摆上酒菜，酒一饮而尽，直到醉了……扫墓传统，令人难过。

四月是谷，天下谷子；四月如谷，因为仓颉造字。"谷雨"这个名字代表着人们对幸福的期望。"谷"是一般的谷子，但是后面有"雨"，说明人们迫切希望谷子能像雨点一样多，这是人们一种十分美好的愿望。

（徐子茵）

中国，五千年历史的泱泱大国，在现代的进步与希望背后，还蕴藏着许许多多的文化故事。节气，是一大课题。

四月，如画的季节，也是绵绵春雨令人愁绪漫天的季节。在多变的气象中，我们迎来了清明和谷雨两大节气。谈老师为我们上的这节节气课，让我思绪万千……

一、话说清明

"清明时节雨纷纷，路上行人欲断魂。"几千年前，杜牧的《清明》道尽了清明的景象。

古人，留下了习俗与故事，虽然许多都在岁月的磨炼中消失殆尽，但是今人仍可笑侃清明，将《清明》改动，成为茶余饭后的谈资。

江南水乡清明时，青团必不可少，桃花粥也是此时节的不二之选。扫墓祭祖踏青更不用说，可又有几个人能将传统发扬光大？即使没有忘记，也还是忘了付诸行动。

寒食与清明的来历，相信大家并不陌生。介子推与重耳的确使人难忘。

引用一句话，清明与《清明》，永在中国人心中。哪怕清明只是节气，或是节日，《清明》只是诗词……

二、共论谷雨

仓颉造字，造出了谷雨，是预示雨量增多，还是为夏天嘹亮的号角伴奏呢？

摘茶、品茶，配上一盆香椿拌干丝，那真是绝妙的餐食。若是有意，去一次洛阳，看牡丹开落，看"花王"美姿，也是十分惬意的。

即使简单，也极少有人会去关注谷雨。除了农民，其他人似乎都认为与这个节气无大关系。

课程结束了，却没有一同带走我对节气的迷茫与喜悦。"你是人间四月天"，在这如烟墨般的日子，一同唤醒人们对传统文化的认知，一同笑侃节气……

望人们对节气能够更关注，也望对"一问三不知"的节气，有更多的了解。

一束载满梦想的时令紫藤，扬帆起航……

（袁辰欣）

叩击"小满"的大门

今天小满。

真好,在小满这一天上《小满》。

第一件事,就是请学生猜一猜"小满"的意思。

第一个学生起来,是平时很少发言的一个男孩,说:"小麦长得满满的,快要成熟了。"

颇惊讶,这孩子怎么知道? 一问,孩子竟然是看到"小"就想到了"小麦"。

第二个学生,还是一个男生,说:"小满是不是雨水很多啊? 今天一早起来,天就下起了毛毛雨。"

这是一个懂得关注周边世界的男生,很难得。我马上表扬这个孩子:"基于生活中的现象,观察、思考、发现,言之有理,言之有据。"

学生说得对不对呢？

我出示了《月令七十二候集解》的句子：

> 四月中，小满者，物致于此小得盈满。

请学生读三遍，他们大致读懂了，此时农作物快要成熟了。

的确，"小满"得名就源于此。这时候，我国北方地区的小麦等夏熟作物的籽粒开始灌浆成形，但还未成熟，只是小满，还未大满。

曾看到《松江报》头版刊登过这方面的新闻，题目是《二麦长势喜人迎丰收》，正好给学生们看，我把这条新闻读给他们听：

"虽然今年天气不好，但二麦长势还是不错的！"新浜镇赵王村家庭农场主管太平望着自家的 40 亩二麦，心里美滋滋的。"再过一个多星期就要收割了！待土地稍作平整，还要马上播种水稻呢！"管太平说，去年他种的二麦，每亩收成 800 多斤，今年有望与去年持平。据悉，今年全区约 1.6 万亩二麦将于本月下旬集中收割。

所谓"二麦"，就是大麦和小麦。

孩子提到的"雨水"问题，我也予以回应。

中国南方地区流行着一些农谚，这些农谚都把"小满"与水联系在了一起，如"小满不满，干断田坎""小满不满，芒种不管"。这些农谚里，"满"都用来形容雨水的盈缺。我们的先人根据自己的经验与教训，发现小满时田里如果蓄不满水，就可能造成田坎干裂，甚至芒种时也无法种植水稻。可见，雨水与小满的关系密切。

这时，我们能感受到：孩子们开始学着把天气、农作物、节气等放在一起思考了，姑且把这称为"叩击节气的大门"。

趁热打铁，跟孩子们一起诵读范成大的《村居即事》：

> 绿遍山原白满川，
>
> 子规声里雨如烟。
>
> 乡村四月闲人少，
>
> 才了蚕桑又插田。

孩子们也许不知道，这首诗的诗人出身苏州，与松江不过百里之遥。诗人一生读书无数，常年任地方官，熟悉四方风土人情，关心民间疾苦。后来又受命出使金国，不辱使命。晚年回到故乡苏州，住在石湖边，写了很多田园诗，《村居即事》就是其中一首。读这首诗，我就想起小时候跟着父母一起养蚕种田的往事，也佩服诗人好眼光、好文笔，事物皆在眼前，是王国维先生《人间词话》中的"不隔"之境。

这时候的松江，花少，万物生长。

因为跟学生约定，所以得告诉学生我家的迷你院子里，月季已经开过，真正是轰轰烈烈、大红大紫的那种盛开，犹如无声版的《怒放的生命》。现在，还有零星的花开着。当然，我们都知道，不久后，这些月季还会"卷土重来"。现在雨水多，顺着雨棚、水泥地，倾泻到花带里，准确地讲，是花泡在水里。

月季，还有隔壁的蔷薇，整个五月，叶子都在不断地落下、落下。这样的场景去年见过，担心过。但最后，月季会还它个恣肆汪洋。

蔷薇，比月季开花晚，五月却是它的时间，花开不败，红的、粉的、黄的，起先是小小的，耐看，很多层花瓣，一层层展开，像水一样平铺，最后一瓣瓣零落。隔壁的月季则是抱团，到最后也不肯凋零，常常需要我把干枯的花朵摘下来，才好化作春泥更护花。

几盆吊兰枝繁叶茂，中间抽出长长的花杆，长出小小的叶子，开出小小的白花。曾经满地乱开的夜饭花，一个多月后只剩了四株。我根据花的生长状况以及彼此位置，忍痛拔去弱小与重叠的。不过现在这几株夜饭花还是幼儿的样子，长不过10厘米左右。

最好看的是缸里养着的睡莲，此时也开花了。

黄色的花蕊,粉色的花瓣,悄悄地开放。前后开了不过 5 天,每天都是早上开放,晚上闭合。今年的花苞长到了缸沿内侧,发现时又不敢往缸里加水——这样可以帮助花苞长到外面来——去年的教训是花开时添了一点水,结果水没过了花瓣,第二天,睡莲就再也不肯开了——大概是生我的气了。

孩子们好奇地看着睡莲。

这时开花的还有中山路上的广玉兰,孩子们每天上下学都能看到。我工作单位旁也有一棵广玉兰,一早到单位,就拍照,可惜花还很少,到处是密密的、厚厚的大叶子,不留心,还发现不了盛开的广玉兰——尽管花色纯白,花形硕大。

发现柒先生的画，课上想让孩子们也看看

这样一幅画，不知震到了你没有?!

5月，我从《解放日报》上看到一幅这样的画，瞬间被击到——把画画到大地，画到乡村，虽不是前无古人，但这样的画，恐怕是史上第一。

姑娘扎着马尾辫，占据了整面墙，这是垂垂老矣的江南的老房子，破败不堪的窗户竟然成了姑娘大开的脑洞。

这是乡间小河边孤独的小屋，依靠在田野里的绿色里。现在，窗户成了姑娘手捧的什么宝贝——画面的右侧是一条路，头发花白的老人正骑着老式自行车，

仿佛听得见"吱呀吱呀"的声音。

　　这是老镇吧？一个金发游客正在欣赏柒先生的画作。画作中,一个孩子正挥
毫写字:童心者,心之初也……

　　鸭子,老房子,还有桃花,撑着花布伞的姑娘正倚靠着什么休息——现实中的

窗户。我是如此地喜欢这幅画。

姑娘,高铁,田野。

这幅画提醒我们,这是 21 世纪的上海。

是谁,在天地间画下如此美妙的画?

是法国人柴先生,上图那位。我搜索了一下,孩子们喜欢的也许是画在校园中的这一幅(见下页)。

柴先生本名叫作 Julien Seth Malland,之所以叫"柴先生",是因为当中的"Seth",念作"赛特",在法语里读音和"七"一样。

柴先生似乎对上海情有独钟,除了在老城区画画,还在上海郊区,主要是在金山枫泾的乡间田头,把一幢幢饱经风霜的老房子、一面面斑驳的墙壁当作画板,创

时间里的中国智慧：我们的二十四节气语文课

作具有江南水乡气质的涂鸦作品。

据说，在柒先生的画中，花朵、孩童、穿农家棉服的少女是最常见的，所以他的作品很温暖。家在法国巴黎的他，2003 年开始环球旅行，途中不断创作。而涂鸦的初衷，正是出于一种"交换"。他对朋友这样解释，旅途中不同地方的人们给了他很多东西：故事、友谊、欣赏、美食……这些让他感到温暖，也觉得自己必须回报，于是就有了在不同城市墙面上的一幅幅涂鸦作品。

孩子们瞪大眼睛，看着这些陌生又熟悉的画作。

我来不及问他们看到了什么，想到了什么，因为这只是一堂课。

为什么这么宝贵的 35 分钟，还留了 5 分钟给一个外国人，给这些绘画？

这个时节，大地上发生的所有事情，都可以告诉孩子，只要你认为有意义。

分享立夏经历，积累文化记忆

立夏这一天，李老师带着孩子们画蛋、赛蛋、斗蛋。

孩子们告诉我，那是快乐的一天。尽管这一天必然有个结果：作文一篇。李老师像一个厨师，用这个素材完成了大作文《一次难忘的班队会》的教学。

我的桌子上摆放着孩子们的作文。

高静怡同学的习作,这样记录这全新的一天的开始:

今天是五月五日,是一年一度的立夏。

一大早,我就拿出精心打扮的彩蛋和妈妈特意为我编的网袋。妈妈一边帮我把蛋往网袋里塞,一边说:"立夏胸挂蛋,孩子不疰夏。"吃好早饭,我赶紧把彩蛋挂在胸前,催着妈妈送我上学,迫不及待地想看看其他同学的彩蛋。

上学路上,我坐在电瓶车后面,忍不住拿起胸前的彩蛋,浮想联翩:同学们的彩蛋是怎样的? 他们带网袋了吗? 其他班级的同学都带彩蛋了吗? ……好多问题从我的脑袋里蹦了出来。

走到学校门口,我故意把彩蛋放在红领巾上面,昂首挺胸地走进去,只见值日中队的同学疑惑地看着我,好像在说:"大清早的,为什么脖子上挂一个鸡蛋呀?"在很多同学的注视下,我上到三楼。"嗨! 小高,你脖子上挂的什么呀?"隔壁班的同学好奇地问。"呵呵,立夏蛋呀,今天立夏,我们还要玩斗蛋游戏呢!""啊? 这么爽!"看着他们那美慕的神情,我心里别提有多开心了。

来到教室,同学们早已开始各种炫耀。"瞧! 我的是哆啦A梦。""真不错,我画的是小公主,整整画了半个小时呢!""哈哈哈……"我们一边比着胸前的蛋,一边开心地说着。整个班级都洋溢着热闹开心的气氛。

挂蛋,这是立夏时节南方的一种活动,寄托着人们美好的愿望:立夏胸挂蛋,孩子不疰夏。

疰夏,是夏日常见的腹胀厌食症状,人会乏力消瘦。小孩尤其容易疰夏。

只是诸如"挂蛋"这样的传统活动,我们从不知道。我这个"奔五"的中年人,从来没有玩过这样的游戏,遗憾遗憾。

李老师为这次活动动了很多脑筋,在斗蛋前增加了一个环节:评选最美鸡蛋。哦,多有创意的设计! 我得为李老师点个赞。

什么是孩子? 孩子就是拥有无数种可能性。

好的教育里,每个孩子都有无限的可能。

每个孩子都提前给鸡蛋画了画。

课前,李老师给我发来一张图片,上面是孩子们画的鸡蛋。

我惊叹! 更赞叹!

上课前,我从孩子们的作文中知道了最美鸡蛋的创作者——杨王静,一个文文静静的小姑娘。印象中,前 9 次节气课上她都没有发过言,以致在描述自己的"杰作"时,也是"挤牙膏"似的,显得很困难。她说:"我画了四个女孩子,分别在跳舞、运动、发呆⋯⋯"我请她课后写一写,让更多的小朋友认识中山小学的最美鸡蛋,她答应了,这是她后来发来的习作片段:

红色运动女孩

我用黑色铅笔画女孩的眼睛，看！她的眼睛笑得眯成了一条缝。接着，我用红色铅笔画她的围巾，仔细一看，还真有点儿像我们的红领巾呢！然后，我给她画了一顶淡淡的粉红色帽子，有点像太阳帽，似乎又不像。最后，我画了大红色的头发，红粉相间的连衣裙和小巧玲珑的运动鞋。仔细端详，这个红色女孩像是在做啦啦操。

蓝色绘画女孩

我将她的帽子画得大大的，涂上淡蓝色，看起来像一顶画家的专业帽。瞧！我还为她画了一个包，里面也许是笔和画册。看这身黑衣服蓝裤子，多有画家的气质啊！画上的女孩像是在全神贯注地画画，呵呵，还有点像我呢！

绿色甜点女孩

我拿翠绿色铅笔来画她萌萌的眼睛，将帽子边沿画成花边形。她的头发被我涂成了稚嫩的黄绿色，像刚刚染了发一样。她的连衣裙被我画得有点像围裙，俨然一个小厨娘。

橙色跳舞女孩

我给她画了一双黄色的眼睛，看起来炯炯有神。在她的头上，我画了一个有着方形图案的头箍，漂亮极了。头箍两侧是长长的马尾辫，看起来非常惹人爱。她身着漂亮的橙色舞蹈服，活脱脱一个优雅的舞蹈家。

写得倒是不错，可见小孩子的说话与写作可能不完全一致，尤其在普通学校里。

我很想知道孩子们把彩蛋挂在胸前的感受,包括想法,于是请孩子们回忆。

第一排的一个男生举手了:把彩蛋挂在脖子上,上课时都不敢碰到课桌,担心碰碎,就像一个怀孕的女子一样。

我站在边上,马上想起这个男生向来发言积极,一年来他进步很大。课前,也是这个男生,突然问我:"谈老师,下次你上课是什么时候?"当时我一愣,但马上反应过来:"当然在6月哦。"

我拍拍这个男孩的肩膀,如果我没记错的话,这位男生半年多来,发言的质量越来越高,原先有疙瘩,现在很流利,而且语言也生动多了。

掌声响起来。

又一个男生举手:"我把彩蛋放在课桌里,这样就不用担心会碎掉了。"

第三个男生举手,说:"我把彩蛋藏在书包里,中午吃饭时,发现蛋瘪了,就吃掉了。中午学校也发了蛋,我又画了一个彩蛋。"

真是急中生智啊!关键是,学校有心,竟在立夏这天提供了鸡蛋。我想,如果老师不讲,会有多少吃了蛋的学生知道今天是立夏呢?

第四个学生是一个女生,介绍了自己到数学老师办公室,数学老师看到学生胸前挂了彩蛋,竟心生羡慕,对她说:"早知道,我也带一个蛋来挂一挂。"

这是全班展示鸡蛋的一瞬间,感谢李老师拍了下来。

接下去自然是最惊心动魄的斗蛋了。孩子们的作文里浓墨重彩描写的也是这个活动。

斗蛋是早些年小孩子们最喜欢的游戏。

家家户户煮好囫囵蛋(鸡蛋带壳清煮,不能破损),用冷水浸上数分钟之后,再套上编织好的丝网袋,挂于孩子颈上。孩子们便三五成群,进行斗蛋游戏。蛋分两端,尖者为头,圆者为尾。斗蛋时蛋头斗蛋头,蛋尾击蛋尾。一个一个斗过去,破者认输,最后分出高低。蛋头胜者为第一,蛋称大王;蛋尾胜者为第二,蛋称小王或二王。

陆刘青同学这样记录当时的语文课堂:

同桌斗:惊心动魄

我对着自己的鸡蛋吹了一口气,心里默默祈祷:我的宝贝鸡蛋呀,你一定要成为"蛋坚强"啊! 再看看同桌的蛋,觉得她的蛋好结实,我不免有些紧张。"预备——开始!"我们拿着各自的鸡蛋,打算"硬碰硬",只见鸡蛋像有磁力一样,在空中划出了一条笔直的线。"啪"的一声,我们连忙查看,我那"四不像"鸡蛋居然破了! 我十分惊讶,另一边的小婕则欣喜若狂,高举着自己的小"战士"。

小组斗:趣味横生

老师安排小婕和小吴斗! 她俩双目对视,手中的鸡蛋似乎也蠢蠢欲动,一场世界级选手的较量一触即发! 突然,两个鸡蛋急速相撞在一起,小婕收回自己的鸡蛋,睁大眼睛一看,我也连忙凑上去,不禁笑了一声,小婕的蛋太惨了,居然连蛋白都出来了! 小婕露出一副沮丧的神情,我却在一边看好戏。终于,鸡蛋没有破的还剩小王和小赵了,她们俩之间会碰撞出怎么样的火花呢? 让我们拭目以待吧!

蛋王争夺：激动人心

小王和小赵缓缓走上"战场"，将自己的"英雄之蛋"从手中露了出来。小王轻咳一声，好像是在向小赵宣战，小赵也不示弱，摆出不可一世的神情，又好像是在接受小王的宣战。终于，双方都准备好了。一开始，也许是由于紧张，两个鸡蛋擦肩而过，双方又稍稍休整了一下。这次，全班同学都屏住了呼吸。两个鸡蛋碰在了一起，"小赵的鸡蛋真是铁鸡蛋，太棒了！""小赵真厉害！""为什么我的鸡蛋就没有那么厉害呢？"在吵闹中，小赵脱颖而出，成为最终的"蛋王"。小赵高举着鸡蛋，分享着自己的快乐……

说完了斗蛋，我出示了一张图片，孩子们叫起来："称人。"

一调查，班级里竟有20多个孩子在立夏前后去"称人"了。新鲜事儿，孩子们总是喜欢。

我告诉孩子们，小时候，立夏节气，还有过年时，我们都要称人。那时候，没有电子秤。怎么办呢？大人搬出一把两脚梯子，在横梁上支一根粗粗的木棒，下面挂一杆大秤，大人双手拉住秤钩，两足悬空，称体重。我们小孩呢，就坐在箩筐内，吊在秤钩上称体重。

讲这些故事，突然觉得好遥远，也很温暖，眼里有滚烫的东西。是的，我已经多少年不称体重了。好怀念以前的时光，把自己装在箩筐里，看日色慢慢流。

当我说起称人还有故事时，好几个孩子都说自己知道。

传说刘备死后，诸葛亮把刘备的儿子阿斗交给赵子龙送往江东，拜托阿斗的后妈、已回娘家的孙夫人抚养。那天正是立夏，孙夫人当着赵子龙的面给阿斗称了体重。第二年，到了立夏，再称一次，看阿斗体重增加了多少，再写信向诸葛亮汇报。这一称人的故事传入民间，逐渐成为风俗。据说，立夏这天称了体重之后，就不怕夏季炎热，不会消瘦，否则会有病灾缠身。

称人时往往要讨口彩，对不同的人，大家用的是不同的口彩。

称老人：秤花八十七，活到九十一。

称姑娘：一百零五斤，员外人家找上门。勿肯勿肯偏勿肯，状元公子有缘分。

称小孩：秤花一打二十三，小官人长大会出山。七品县官勿犯难，三公九卿也好攀。

这些口彩，读起来朗朗上口，一边读一边品味，真是蕴味无穷。

课差不多要结束了，用什么来小结呢？

为此，我动了脑筋，写了这样几段话来结束这一课：

节气还活着。节气在书籍里，可以阅读，增长知识；节气更在生活中，可以体验，带来快乐与幸福。

节气在我们的饮食习惯里，你可以品一品、尝一尝节气的味道，比如立春前后的汤圆、端午的粽子等。

节气在我们的祭祀习惯里，你可以跟着大人去拜一拜，想一想节气的传统，比如清明扫墓、冬至祭祖等。

节气在我们的出行习惯里，你可以去看一看、赏一赏，感受节气的美好，比如秋分前后的明月、春分前后的梅花等。

是的，节气，看似那么遥远。其实，节气活在当下，有时还陪伴着我们成长。

最后一课：我们学习的新起点

光阴似箭，日月如梭

学年就要结束，真正是"光阴似箭，日月如梭"。

关于光阴的这八个字，很像一句"套话"。

于我，却不然。30多年前，我还是一个小学生，一个陆姓表哥，学习优秀，被母亲这个家族称道，我有机会去他家，他必在自己的小房间里做作业。后来，他考上了南京的大专，成为城里人。再后来，我有机会看到他的笔记本，翻开来就是这句话：光阴似箭，日月如梭。

隐隐觉得，这八个字很神奇，应该与表哥的成功有关系，但是又说不清楚。印象极其深刻，一直忘不了。

现在我已过不惑之年，已不敢轻易提起这八个字。

这次有些忍不住。是该跟四(4)班的孩子说一声"再见"的时候了。

又是在休业式这一天上课，这跟上学期一样。6月，考试接踵而至的季节，我们选择了主动"让步"，选择这样一个相对轻松自由的日子聊一聊夏至。

一直在备课。

教什么，可以从节气出发，可以从孩子需求出发，每一种出发都可以生发出多种教法。这段时间内的专题性阅读，如《中国通史》《世界通史》等，帮助了我，让我生发出很多的点子。

这是最后一次。从陌生到熟悉，这种熟悉不是对彼此姓名的熟稔，而是见面时的亲切，毫无隔阂的纯度极高的问候。这种熟悉还渗透在课堂的一些时段，某些空间，突然有孩子与老师有共鸣，甚至超越教案以及老师。于是，不忍离别。

上课的前 N 天都在阅卷批卷中。忙完这些，只留了半天还有一个晚上，整理思绪，完成上课的 PPT。

一早，去超市买了巧克力，四大盒，每人至少一份。

是美国的一项科学研究吧，说孩子喜欢吃甜的，是他们的身体需要。四(4)班的孩子肯定也喜欢巧克力。

我相信巧克力的魔力。

在"物候"与孩子之间搭一座桥

决定教"物候"。

物候，是二十四节气涉及的重要概念。作为一门课程，这是学生应该掌握的概念。再者，物候，读着陌生，但是大千世界，植物、动物等触手可及，哪一个不属于"物候"？

因此，这一知识应该处于学生的"最近发展区"。这便意味着孩子们只要往上"跳一跳"，就能获得新知识。

至于课该如何上，我安排了几个台阶——

夏至，说说我们身边的"物候"

这样的环节其实在节气课上很多次出现。我能感觉到，一年里有些孩子已经开始变化，从原先不注意观察身边的世界，到有意留心，特别是节气前后，能发现动植物的变化。

这堂课就来交流这段时间孩子们看到的变化的世界。

第一个学生起来说:"我们小区里有一棵苹果树,树上结了一个小小的苹果。"

我有点愣住了,好几个地方看到过枣树,现在已经结了果子,很小很小,如同花一样;也看到过葡萄,一串一串的,现在除了颜色还是青的,大小已跟成熟的葡萄差不多了,但苹果树还是少见。于是,我好奇地问苹果的大小,学生用手比画。大家看懂了,比乒乓球还小。

一个女生说:"隔壁阿姨的狗以前一直很乖,最近老是叫,烦躁不安,吵着要到楼下去。"

是啊,最近暴雨多,人也难得出去活动了,狗只能待在屋里,想必也郁闷不已吧。

下面交流的男生说自己小区里的玉兰又开花了,花是粉色的。

很高兴这个男生有这样新鲜的发现。前年我入住现在的小区后,才发现屋后的紫玉兰竟然一年开两次花。这段时间,紫玉兰已经枝繁叶茂,红色的花朵藏在绿油油的叶子间,煞是养眼。

这美丽的花开二度,能有多少人看到呢?

接下来,一个女生描述了家里盛开的栀子花,香味浓郁,洁白如玉,花朵硕大。

这让我想起老家,这个时节,会有卖栀子花的,走街串巷,"栀子花玉兰花,栀子花玉兰花",吴侬软语在雨声里飘开去,也是湿润润的。

这个季节是黄梅天。一直在下雨,有些地方还是暴雨。江苏盐城遭遇龙卷风,我们在微信群里为遇难者祈福!有老师马上跟帖,说自己老家就在盐城,有亲朋好友受灾了;也有年轻的老师说自己的同学在那里做志愿者,还上传了拍摄的照片。

孩子们说完了,我还补充了这段时间的一些现象,有照片为证。

这是夹竹桃，路边很多，能吸收道路灰尘和汽车尾气。

这是小区里的黄瓜，两位老人种的，不知为什么总是不采摘，不过十来天，小小的铅笔粗细的黄瓜竟然如接力棒这般粗了。

这是夜饭花，我每年都在房前屋后播种，刚刚开放，可以一直绵延到秋季。这种花，即使在三伏天，照样开得很旺盛，是老舍先生喜欢的那一类花：好种易活，自力更生。

小时候，枇杷吃过了，杨梅上市了，红红的、甜甜的，想想就好吃。每次吃，总是吃多，差点把牙齿酸掉。

从感性到理性，从形象到概念

我板书了"物候"二字，学生齐读，进而解释，刚才大家说到的植物的变化、动物的变化都是物候。

我拿出竺可桢的《天道与人文》，作者是中国物候学的开创者。书中第 120 页这样解释物候学——

物候学主要是研究自然界的植物、动物和环境条件的周期变化之间相互关系的科学。它的目的是认识自然季节现象变化的规律，以服务于农业生产和科学研究。

学生读了，似懂非懂。

来，让我们回忆一下《九九歌》，学生一起背诵。

> 一九二九不出手，
>
> 三九四九冰上走，
>
> 五九六九沿河看柳，
>
> 七九河开，八九雁来，
>
> 九九加一九，耕牛遍地走。

我告诉孩子,不出手、冰上走、沿河看柳等都是物候。在勾连记忆的过程里,学生在思索,在理解。

我继续说,每一个节气,我们都交流什么花开了、谢了,某些动物飞走了、冬眠了,等等,这些都是物候。因此,物候反映了气候和节令的变化。

我们古代的诗歌中包含着丰富的物候知识。比如《春晓》中的"夜来风雨声,花落知多少"。还有讲述这个季节的一首诗《约客》,作者是赵师秀:

> 黄梅时节家家雨,
>
> 青草池塘处处蛙。
>
> 有约不来过夜半,
>
> 闲敲棋子落灯花。

黄梅时节的夜晚,细雨蒙蒙,乡村的池塘传来阵阵蛙鸣。诗人约一位朋友来做客,可等到半夜也没有来。他只好一个人伴着油灯,无聊地敲着棋子。

梅雨季节,阴雨连绵,池塘水涨,蛙声不断,乡村之景是那么清新恬静、和谐美妙。这是初夏时节江南的物候。

我接着出示了《诗经》里的"四月秀葽,五月鸣蜩",这是我国最早的物候记载,意思是四月植物抽穗,五月蝉开始叫了。而到了春秋时期,人们每逢节气,就记录物候和天气,而且已经知道燕子在春分前后来,在秋分前后离去。

我继续出示《礼记·月令》中的几段话:

仲春之月,日在奎,昏弧中,旦建星中。其日甲乙,其帝大皥,其神句芒,其虫鳞,其音角,律中夹钟,其数八,其味酸,其臭膻,其祀户,祭先脾。

……是月也,玄鸟至。至之日,以大牢祠于高禖,天子亲往,后妃帅九嫔御。乃礼天子所御,带以弓韣,授以弓矢,于高禖之前。

是月也,日夜分,雷乃发声,始电,蛰虫咸动,启户始出。先雷三日,奋木铎以令兆民曰:"雷将发声,有不戒其容止者,生子不备,必有凶灾。"日夜分,则同度量,钓衡石,角斗甬,正权概。

是月也,耕者少舍,乃修阖扇,寝庙毕备。毋作大事,以妨农之事。

大概意思是:燕子回来的那天,皇帝得亲自到庙里进香。冬天里销声匿迹的雷电也重新振作起来;隐匿在土中、屋角的昆虫,也苏醒过来,向户外跑的跑,飞的飞。这时候,农民应该忙碌起来,把农具和房子修理好,国家不能多派差事给农民,免得妨碍农田的耕作。

这是 2000 多年以前,黄河流域初春时节物候的概述。

讲到这里,孩子们聚精会神。原来物候可以串联古今啊,原来我们中华民族这样重视物候啊!

思考讨论,回到起点,我们为何出发

如果说前面的学习都是"知道"与"识记"的层面,那么,能否再前进一步,让孩子们在基本弄懂物候的概念基础上,能够思考一下"为什么",这里包括三个层面的问题:一是我们为什么要这样持续地关注物候,还要在课上交流,甚至写作?二是我们的先人为什么如此认真、长久地观测以及记录物候?三是到了今天这个时代,还有必要去观察、记录物候吗?

这三个问题,只有第一个稍微简单,很快有几个孩子举手了,他们的答案丰富多彩:去观察,可以认识很多植物,增长知识;丰富素材,用到作文中去。

一个女生说,可以看看世界的细节。

还有一个学生说,带来快乐,充实人生。

多好,马上想起最近读到的作家薛忆沩的文字,一起来看看——

我对细小的事物也会有很大的兴趣,路边的一棵野草可能会比一个著名的文学奖更引起我的兴趣。这种习性让我对寂寞有更强的抵抗力。

在讨论第二个问题"我们的先人为什么要去观察、记录这些动植物的周期变化情况"时,学生能够回答"观察了各节气中的动植物,知道什么时候去种谷物"。

是的,数千年来,中华文明发展、强大,农业始终是根基。

我顺势出示了一首古诗,讲述的正是农事忙,大家没有时间走亲访友。

四时田园杂兴

范成大

蝴蝶双双入菜花,

日长无客到田家。

> 鸡飞过篱犬吠窦，
>
> 知有行商来买茶。

其实，观察动植物的变化，不但对农业有帮助，在战争中也能发挥至关重要的作用，学生瞪大了眼睛，满腹怀疑。

我出示了卢纶的《出塞曲》：

> 月黑雁飞高，
>
> 单于夜遁逃。
>
> 欲将轻骑逐，
>
> 大雪满弓刀。

月黑时，大雁本不会飞，出现如此异常的现象，一定是发生了什么，将军会思考，马上意识到敌人趁着月黑风高、大雪漫天逃跑，于是果断指挥将士，连夜追击。

第三个问题：18、19 世纪以后，各种气象仪器逐步改进，雷达、火箭和卫星在气象观测上得到广泛应用，气候学已有很大进步。物候学还需要吗？

学生在犹豫，在思考。

有的说："不需要了。"

有的说："好像需要。"

我说："讲个故事给大家听吧。这个故事是来自大科学家竺可桢的《天道与人文》一书。"

"物候这门知识，是为农业生产服务而产生的，在今天对农业生产还有很大作用。它依据的是比仪器复杂得多的生物。各项气象仪器虽能比较精密地测量当时的气候要素，但对于季节的迟早尚无法直接表示出来。"（第 123—124 页）

"1962 年春季，华北地区的气候比较寒冷，但是五一节那天早晨，北京的温度记录却比前一年和前两年同一天早晨的温度高两三摄氏度之多。因此，不拿一个时期之内的温度记录来分析，就说明不了问题。如果从物候来看，就容易看出来。1962 年，北京的山桃、杏树、紫丁香和五一节前后开花的洋槐的花期都延迟了，比 1961 年迟了 10 天左右，比 1960 年迟了五六天。我们只要知道物候，就会知道这年北京农业季节是推迟了，农事也就应该相应地推迟。可是，1962 年北京地区部分农村，在春初种花生等作物时，仍旧照前两年的日期进行，结果受了低温的损

害。若能注意当年物候延迟的情况,预先布置,就不会遭受损失了。"(第123—124页)

讲述这个真实的故事,当然可以例证观察物候的重要。但是在今天,我们不知道还有多少人在关注这些。

讲完故事的刹那,我猛然想起10多年前在中山小学跟孩子们讲述的印尼大海啸的故事:

2004年12月26日,印尼附近海域发生强烈地震引发了大海啸,席卷南亚、东南亚多个国家,造成巨大灾难。当几十米高的海啸袭向泰国普吉岛的一个海滩之前,英国一名年仅10岁的聪明女孩蒂莉·史密斯发现海面上出现了不少的气泡,她想起地理老师讲课的内容,意识到可能将会有海啸发生,便马上将这一情况告诉了泰国工作人员。就在滩边百余名游客被疏散到安全地区几分钟后,巨大的海浪突然朝岸边袭来……因为小姑娘的预先示警,这个海滩最终成为泰国普吉在海啸中没有出现任何人员伤亡的海滩之一。

英国小女孩,不就是个会观察物候的孩子吗?

可以说,这个插叙,课前我没准备,但是在课堂讲述北京那个故事的时候,这个积存的故事突然被激活了。

也许,这就是课堂生成吧。

在猴年马月,了解叶榭软糕

刚才的"物候"学习之旅,对一些孩子来说,肯定有些累。

我已经有所准备,从这段时间的阅读中找到了两个有趣的常识。

先说猴年马月。我出示了一张剪纸,一个男生脱口而出:猴年马月。好聪明。

猴年马月,这个成语是什么意思呢?

大家听完我的解释就懂了。

大家都知道,中国农历使用干支纪年。十二地支与十二生肖对应,分别是:子鼠、丑牛、寅虎、卯兔、辰龙、巳蛇、午马、未羊、申猴、酉鸡、戌狗、亥猪。

十二生肖不仅被我们的祖先拿来纪年,而且还拿来纪月、纪日、纪时。根据干支历法,猴年 12 年一个轮回,马月也是 12 个月一个轮回,每年都有一个月是马月,每年农历正月到腊月大致对应的属相依次是:虎、兔、龙、蛇、马、羊、猴、鸡、狗、猪、鼠、牛。

2016 年是农历猴年,阳历的 6 月 5 日至 7 月 3 日,为农历五月,也就是"猴年马月",共计 29 天。

下面就请大家算一算:每过 12 年,猴年就会遇到一个马月,因此,猴年马月每过 12 年就会轮回一次。下一个猴年马月将会出现在(　　)年。

学生马上口算得到答案,是 2028 年。

猴年马月要 12 年,它的意思是什么? 学生豁然,说不知道什么时候,很长很长。

我问:"它的近义词应该是哪个成语?"

学生:"遥遥无期。"

"反义词呢?"

"指日可待。"

像一年前那样默写,看看学生有什么进步

课就要结束了,做什么事?

反复思考,我准备"偷袭"。去年 9 月的第一堂节气课,就是请大家默写自己

知道的节气。当时,情况自然是不容乐观——这也是极为正常的。

一年后,同样在毫无准备的情况下,孩子们会有怎样的表现呢?

默写开始了。

有学生边默边说,好像忘了几个。

大多数一声不吭,在默写。

我在巡视中发现,许多孩子默写时都是有方法的。我准备在学生默写结束后加一个反馈的环节。

这是本学期的最后一课,本学年的最后一课。也许,还是我给这个班上节气课的最后一课。课结束了,但学习还在继续,成长还在继续。

以后,应该更多地由孩子们自己去观察,去思考,去读书,去探讨,去研究,去发现。

当孩子们上交默写后,我根据自己的巡视印象,做了如下小结:

默写时,大家都很认真。每个人有每个人的方法。有的孩子想到一个节气,就写一个节气,再想到一个就再写一个。这样的孩子学习很刻苦,就是仅仅靠记性,进步不大。

有的孩子就不一样了。他们默写时很讲顺序,有的按照节气的顺序,如吴馨瑜、沈弋宸等同学就是。有的自己梳理出一个默写的顺序,像黄建琪同学就用给每个节气标上序号的方式来默写。有的同学,如徐子茵、唐悦函等同学就按照"春夏秋冬"的顺序进行有序默写。无论是按照节气的顺序还是根据自己学习的先后次序来默写,都相对容易了。

我还发现,有的同学默写很有方法,他们发现了 24 个节气之间的共同点,如高静怡等同学先默写"立春、立夏、立秋、立冬"等。还有的同学,如袁辰欣、高旭东、俞佳乐、黄鑫等同学索性默写了《节气歌》,一下子默出了全部节气。

这些同学学习善于动脑筋,哪怕是默写,也借助好的方法。

回单位后一数,发现 50 个孩子,默出不到 10 个节气的只有一个,其他孩子大多在 15 个节气以上。

不是结束的结束语

这堂课结束了,我特意重读自己四月上课时的一段感想:

中国有很多很多故事。可是,在最好的童年,我没有读过,也没有听过。于是,立春、四大发明等只是概念而已,仓颉、李白等只是文字而已。是的,我记住了许多知识,也背熟了不少诗文,但是,我从不曾发现,其实他们曾经姹紫嫣红,现在也鲜活灿烂;我从不曾感知,其实他们是开始,是源头,也是现在是未来。

打开门,大道铺陈,路边有绿,有鸟,有诗和远方。走吧,去看看我们的山河与草木,去听听我们的天籁与故事,去想想我们的先辈与传统。

这是一条回家的路,记着,我们才不会迷失方向,也不会丢了明天。

做一个有中国心的现代文明人!

最后一句是于漪先生一次主题演讲的标题:这是我们的期望,也是每个孩子的诗和远方。

跋

时间里的中国智慧

谈永康

有些事,你遇上了,似乎就再也分不开了,比如节气。

我出生在农村,几乎干过所有的农活,半夜里脱粒,深秋种油菜;但对农事知之甚少,更不要说什么节气了。

后来读书了,再后来教书了。教到第18个年头时,与节气邂逅了。

节气带给我灵感,那些枯燥乏味的作文课像草木一样,开始苏醒返青。孩子们都喜欢,教室里都是红扑扑的笑脸。于是,三年后就有了《节气里的读写》(福建教育出版社出版)。

略感遗憾的是,2010 年 9 月我调到教育学院担任语文教研员,虽然经常听课,但与讲台的距离也是说远不远,说近不近了。

近年,松江成立小学语文发展共同体,我有机会带领优秀的青年教师,有机会再上讲台,有机会在上海市百年名校——中山小学带着四(4)班的孩子们走进节气。每个月的节气前后我上一次相应的节气课,四(4)班语文老师李源再上一次节气课。

李源老师做得极认真。我上课,她坐一边听,一节不落。课前课后,她带着孩子走近节气,或活动,或观察;几乎每个节气,她都带着孩子们写作,还向《小作家》等报刊推荐优秀习作。

这一年,我有点忙,但能感觉,五脏六腑都能感觉,这个班的学生,他,或者她,突然醒了——有感觉了,对节气,对习作。至今,我还叫不全他们的姓名,但是,每一张脸,我都那么熟悉,那么亲切。

这一年,从孩子那里,我寻找着、触摸着时间里的中国智慧——

春花秋月,都有自己的风景。花草树木,瓜果稻粟,都有自己的季节。中国的古人,大多数是面朝黄土背朝天的农民。他们活得很艰辛,但做什么,都会看着太阳,闻着风的味道,盯着花花草草,还有小猫小狗,然后,决定做什么,想好怎么做。有空了,就去登登高,就去踏踏青,就用五谷杂粮做成糕点。过年了,去拜年,用春联敬畏年兽,正月十五了才敢热闹。下雨了,想起逝去的故人,便去扫墓;月圆了,念及远行的亲人,就会看月……

作家申赋渔说:"我们完全没有想到,我们的祖先活得这么美,这么温暖。每隔十五天,就有一个仪式,就有一个故事。而每一个生动的故事里面都包含着中国人独有的宇宙观。"

守时,守序,二十四节气有中国人美好的记忆、诗意的生活和理想的未来。

立冬说傩戏,春分讲流觞曲水,立夏体验挂蛋画蛋。这些本来离生活很遥远,然而在我们的课堂里,多少孩子由此眼光明亮。

这一年,除了作业,除了课堂,除了电视和游戏,很多孩子还交了新朋友。这位朋友无处不在、无时不在,但她常常跟我们捉迷藏。

她的名字叫大自然。

这是袁辰欣同学在一年后的习作——

从前面对作文时的抱怨,面对题材时的困惑无助,都被谈老师"吸"走了,总感觉人也焕然一新了。也许像崔允漷老师说的,当今儿童沉溺"三片文化":微软芯片、薯片和动画片;当今语文"框"在了语文书上,"拦"在了钢筋水泥的教室之内,接不到生活的"源头活水"。但节气语文似乎恰恰相反,它鼓励我们去与大自然亲密接触,去拍摄大自然的精彩瞬间。在这种课上,我们彻底放松身心,我还"染上"嚼草的"恶习",仅仅想知道,四季草的心声与味道。

是的,我也像袁辰欣,直到去关注节气,去拍照,去写作,才发现身边竟然有无花果,有枇杷,有蜀葵,有阿拉伯婆婆纳,有各种美丽的小鸟,有各样动听的天籁。当孩子们选择一只猫、一棵树、一个池塘作为自己立春、立夏、立秋和立冬观察的对象,在持续一年的时间里,他们生发了多少感触,收获了多少认识。大自然那么有趣、神奇,还有感情。他们开始爱护花草。不记得谁说了,一个不懂得敬畏大自然，不知道人类渺小的人，是井底之蛙，与教养谬之千里。从小，孩子爱护花草，正是对这种伟大感悟的最基本的训练。

我想到卢梭，想到《老人与海》中的圣地亚哥，想到陶渊明……为什么他们那么喜欢山水，或者，那么懂得大海或高山？

余秋雨说得真好："水边给人喜悦，山地给人安慰。水边让我们感知世界无常，山地让我们领悟天地恒昌。水边让我们享受脱离长辈怀抱的远行刺激，山地让我们体验回归祖先居所的悠悠厚味。水边的哲学是不舍昼夜，山地的哲学是不知日月。"

与自然相亲，从自然中有所求知，进而有所领悟。这是节气无言的启示。

当然，再没有比读到孩子习作，看到孩子认可传统文化更高兴的事了。所有这些，在本书里都有涉及，不再赘述。

跋

一年，就这么翻过去了，像一本书。一年，就这么流过去了，如一条河。

记忆不死，涟漪不灭。

在我整理、修改这些文字的过程中，有一喜一悲，似乎不能不提。

2016 年 11 月 30 日，联合国教科文组织通过决议，将中国申报的"二十四节气"列入世界非物质文化遗产名录。作为中国特有的时间知识体系，二十四节气深刻地影响了人们的思维方式和行为准则。这怎么不值得我们每一个中国人高兴呢？

悲伤的是，2017 年元旦，家父在小寒节气突发脑溢血，昏迷 14 天后溘然辞世。家父一辈子务农，有机会在村委会为村民服务，从事的也是农业工作。我读中小学时，有不少夜晚，都是跟着父亲去村里广播。我读报纸，父亲在广播。广播里说的正是农事，播种、撒药……父亲走了，很多人来送别。人们说，他是一个好人。

我 17 岁离家，读书，教书，一直在外，有空回老家，人家会说，这是谁谁谁的儿子。我以此为骄傲。仅以此书，告慰家父的在天之灵。